産業遺産の社会史

日本とフランスの歴史・文化・課題

矢後和彦／
ベルナール・トマン●編著

青弓社

産業遺産の社会史——日本とフランスの歴史・文化・課題

目次

第1部　産業遺産とは何か

第2部　地域の経済・社会活性化と産業遺産

第3部 人類学・社会学・歴史学と産業遺産

カバー表（下）の写真撮影――ベルナール・トマン
カバー裏（下）の写真提供――©Centre Historique Minier
装丁・本文デザイン――山田信也［ヤマダデザイン室］

凡例

［1］本書では、資料引用の際、書籍名・映像作品名は『　』で示し、新聞名・雑誌名・紀要名や書籍に含まれる作品名・論文名、雑誌・新聞記事名などの個別の文書・記事については「　」で示している。

［2］引用文中の（略）は省略を表す。

［3］本書で頻出する団体名や概説を以下に示す。

・UNESCO（United Nations Educational, Scientific and Cultural Organization／国際連合教育科学文化機関）：各国の国民の教育・科学・文化の協力と交流を通じて、国際平和と人類の福祉の促進を目的とした国際連合の専門機関。

・ICOMOS（International Council on Monuments and Sites／国際記念物遺跡会議）：UNESCOの諮問機関として、世界遺産登録の審査やモニタリング活動をする文化遺産保護に関わる国際非政府組織。

・TICCIH（The International Committee for the Conservation of the Industrial Heritage／国際産業遺産保存委員会）：産業考古学の研究や、産業遺産の保護・振興などを目的とした国際的な団体。

序章

産業遺産と向き合うために

ベルナール・トマン

過去三十年間、日本とフランスは自国の産業遺産に特別な関心を寄せてきた。両国の経験は相互に関連している。例えば、二〇一五年に日本の明治産業革命遺産（製鉄・製鋼、造船、炭鉱）が世界遺産に登録された際にはキャンペーンをおこない、成功を収めたが、それは一二年にＵＮＥＳＣＯ（国際連合教育科学文化機関）がノール＝パ・ド・カレーの炭田地帯を世界遺産に登録したことに影響を受けていた。また、日本はフランスが自国最古の産業遺産を登録するより先に、島根県の石見銀山をＵＮＥＳＣＯの世界遺産に登録した。

しかしＵＮＥＳＣＯに認定される産業遺産は、より広範な現象のなかで最も目につく部分にすぎない。国や地方自治体はもちろんのこと、地元の人々にも文化遺産と捉えられているものがこれまで以上に広がっているのだ。ステファン・ベルジェとクリスチャン・ヴィッケによれば、西洋での産業遺産の発展は、一九六八年の五月危機をはじめとする出来事と関連して、より大衆的な文化行事、特に労働者階級の文化行事というよりも、伝統的にエリート文化が優先されてきたことに疑問を呈する文脈のなかで起こった。[1]とはいえ、六四年三月の時点で、早くもアンドレ・マルロー文化大臣が「フランスの建造物と芸術品の総合目録」の作成を担当する国家委員会を設置する政令を発布するイニシアチブをとっていたことにも留意すべきである。この政令には文化庁、軍隊、公共事業など、多くの政府部門が関与した(2)。このアプローチによって、産業遺産の認定への扉が開かれたのである。

この現象は、脱工業化の過程とも密接に関連していて、それはときには大規模なインフラの将来に疑問を投げかけていた。こうして、地域の産業遺産に対する認識は、地方自治体、企業、団体、そして産業リストラに直面した地域の住民にとって、経済的・社会的な課題になった。そしてその目的は、数十年にわたる産業活動によって形成された地域のアイデンティティーと景観に基づいて、地域経済モデルを再構築することだった。この再構築には、産業労働でのアンビバレントな経験をもつ人々の支援が必要だった。つまり炭鉱に関わる人々には、産業叙事詩の一部だったという誇りと、経済的な不安や珪肺症などの体の損傷が同居していたのである。

しかし、元産業地域の再開発、特に観光プロジェクトは、産業叙事詩という面に特別な関心をもつ一般住民の関心を得ることができたからこそ、実行可能なものだった。それは日本各地にある鉱山史博物館や企業博物館をみれば明らかである。二〇二四年に一万円札の図柄にも採用されて日本の資本主義の「父」とされる渋沢栄一を描いた大河ドラマなど、企業家叙事詩を扱ったテレビ番組の成功も見逃せない。一九八三年、フランスでは文化省が建築遺産局内に産業遺産を専門に扱う部署を設置した。日本でも、文化庁が九〇年に多くの都道府県で近代化遺産調査を開始している。

各国政府が産業遺産の保存に関心をもつ理由は、先に取り上げたＵＮＥＳＣＯの役割が示すように、産業遺産が国際的な次元の課題だからでもある。遺産保存のための国際組織であるＩＣＯＭＯＳ（国際記念物遺跡会議）も現在、産業遺産に関心を寄せている。二〇一一年、ＩＣＯＭＯＳはＴＩＣＣＩＨ（国際産業遺産保存委員会）と、産業遺産の遺跡、構造物、地域、景観の保存に関する原則を定めた「ダブリン原則（Dublin principles）」に署名した。さらにＩＣＯＭＯＳ理事会は、一九年にＩＳＣＩＨ（産業遺産国際学術委員会）を設立することを承認した。日本の産業遺産は国境を超えた問題であり、二国間の文化的関係のうえでも象徴的な役割を果たすことがある。日本の鉱山、造兵廠、紡績工場の近代化に際してフランスの技術者が果たした役割は、今日、日仏の幅広い関係者によって記憶されている。

観光、記念、さらには国際的な威信という側面だけでなく、産業遺産は歴史学的・社会学的研究の課題でもある。例えば、産業考古学は一九六〇年代以降に学問分野として確立されたもので、遺産に関わるイニシアチブに影響を与えたり、イニシアチブを発揮したりしている。この学問は、脱工業化のプロセスが始まったばかりのイギリスで生まれたが、脱工業化とその社会的影響は、工業化の叙事詩に匹敵するような歴史的物語の対象にはなっていない。一部の歴史学者や社会学者は、この軽視された分野を探求しようと、産業遺構の遺産という問題とそれに関わる経済的・社会的問題を、このプロジェクトの中心的な課題にはっきりと据えている。[3] とはいえ工業地帯、製鉄所、造船所、自動車工場、そのほかの重工業の工場閉鎖の劇的な影響は、まだ十分に理解されていない。脱工業化が住民の集団記憶とアイデンティティーに何をもたらしたのかは、解明がまたれる主題である。

産業考古学は、日本とフランスで同時期に導入された。日本では一九七七年二月に産業遺産学会が設立され、同年には「産業考古学」誌が創刊された。フランスでは七〇年代後半以降、モーリス・ドマ[4]とドニ・ヴォロノフ[5]が、生産と生産に関わる場所との関連性を研究することによって定義される産業考古学を、一つの学問分野として発展させるうえで主導的な役割を果たした。その範囲は、建物とインフラ、そしてそれらの物質的・人的または無形的な潮流を含んでいる。そのため、遺跡の研究には、観察、発掘調査、そしてそれらを比較するための文字資料、図像資料、口承資料が必要になる。産業考古学は、特に労働の歴史や技術の歴史に大きく貢献している。

しかし、どのように「保存に値する遺産」であると判断されるのだろうか。遺産は社会的構築物であるため、判断基準はそれぞれ異なり、進化するものである。物としての美しさ（傑出した建築物、煙突、竪坑櫓）、歴史的重要性（工業化の原動力になった石炭）に加えて、地域の社会的・文化的組織での産業の重要性と、その地域への影響にも焦点を当てる。実際、産業遺産とは用地とその生産設備だけではなく、労働者の生活環境を確保するために生産活動の枠組みのなかで建設された社会、経済、文化、宗教、競技に関するすべてのインフラ、学術的・技術的な作品のコレクション、そしてその風景のことでもある。

本書は、二〇二二年十一月十八日と十九日に日仏会館で開催されたシンポジウムの成果である。各章は、日仏の歴史家、社会学者、地理学者、そして産業遺産の認定と強化のプロセスに直接関わった人々が執筆し、ケーススタディーを通じて、冒頭で概説しようと試みた内容がいかに幅広く、複雑であるかを示している。

産業遺産は、その機能が停止して何年もたってから再発見されることもあるが、産業用地が閉鎖された直後に再考されることもある。本書第1章「産業遺産の文化的・観光的プロモーション――ルワルド鉱山歴史センター」でフランスのルワルド鉱山歴史センターや、産業遺産の文化・観光開発の模範的な成功例についてカリーヌ・スプリモンが紹介しているように、ルワルドでは、一九七〇年代には早くも、炭鉱に産業遺産チームが設立されていた。ほかの坑道が閉鎖されるたびに、その坑道から道具、日用品、設備、アーカイブを集め、コレクションとアーカイブを構築していく計画が立てられた。この章では、早い段階から始まったこの遺産保存プロセスが成功した理由を考察する。それは、企業、自治体、住民など、あらゆる分野のパートナーのネットワークに依拠したコミュニケーションと開発作業を通じて、開かれた空間を創造することである。その目的は、かつての炭鉱の外観と記憶を保存するだけでなく、かつての産業用地の特徴を生かして、社会的なつながりを生み出すことだった。

伊東孝が「産業遺産概念の展開と建造物の用・強・美」と題する第2章で示しているように、産業遺産は非常に特殊な性質をもっていて、それはほかの文化遺産とは異なる。確かに、後者の多くは美しく、一目で理解しやすく、芸術作品のようなものも多い。一方、産業遺産は、一見しただけでは把握するのが難しい。その価値を十分に理解するには、その場所を取り巻く環境についての知見も必要である。産業施設は、電気や水の供給というニーズに応える、広範なネットワークのなかでも不可欠な一部である。また、鉄鋼や石炭採掘地域、工業地帯など、ほかの補完的な産業との関連で考えることもできる。

シモン・エーデルブルッテの第3章「産業景観――見捨てられた遺産から地域再開発のベクトルとしての遺産へ：ロレーヌの事例」は、地理的アプローチによって産業景観を分析することを可能にした内容だ。このアプローチによって、長い間、嫌われ、否定さえされてきた産業から受け継いだ景観が、どのようにすれば遺産になりうるか、また、経済的・社会的困難に直面している旧工業地域にとって、何が地域再開発の手段になりうるかを理解することができる。産業景観は工場だけではないからこそ、この経済的・文化的な活性化という機能を果たすことができるのだ。産業景観はもっと多様である。過去三世紀にわたって、産業活動は、産業用地そのものに付随する数多くの特徴を生み出しただけでなく、産業文化を中心に地域のアイデンティティーを築き上げてきた。

フランス北部の鉱山町であるロース゠アン゠ゴヘル市長のジャン゠フランソワ・カロンは、第4章「産業遺産とエコロジー的な移行プロセス」のなかで、この新しい地域アイデンティティーが構築されるプロセスについて説明している。カロン市長はそれを政治的優先事項の一つにさえしているのだ。工業用地の転換は、過去への回帰ではない。遺産、古いモニュメント、歴史的景観を守ることは後ろ向きなアプローチではなく、「ボタ山のコミュニティー」が築き続けるアイデンティティーをさらに高めることなのだ。なぜなら環境保護は、古く環境汚染が激しいモデルから、環境を尊重する新しいモデルへと意識的に移行することを可能にする、新しい開発のビジョンを出現させるための前提条件だからである。若者にとって、未来の自分を描くことは困難であり、不安であることを念頭に置いて遺産に取り組むことは、住民に自分の立ち位置や出自を認識させるという意味で、安心の枠組みを提供することになる。このような意味で産業遺産はきわめて政治的な問題であるだけに、公権力は有権者の同意がなければ介入できない。地域経済の活性化は、産業遺産を強化した結果であるだけでなく、その前提条件でもある。

このことについては、堀川三郎も第5章「なぜ保存するのか――観光のパラドクスと保存の論理」で述べている。北海道小樽市では、以前は対立の対象だった遺産保存が、都市計画の問題と結び付いてはじめてコンセンサスを得るようになった。小樽運河保存運動は、真のビジョンの一部として自らの主張を深めていったからこそ、説得力がある主張を展開することができた。市当局が建設を計画している道路の問題についてしか語ろうとしなかったのに対し、小樽運河保存運動は小樽再生のための真のビジョンを打ち出した。そして、そのビジョンは観光の発展によってようやく定着したのである。小樽運河はもはや不健全な過去の遺物ではなく、小樽経済の再生を提案する資源になった。しかし、堀川はまた、運河周辺の観光が飛躍的に発展した一方で、運河の建築的アイデンティティーを形成していた石造りの倉庫群の八〇パーセントがこの三十年間で姿を消したという事実も示している。歴史的建造物の維持費の問題は、観光都市としての小樽の売りであるはずの観光建造物の存在感を確実に低下させるという逆説的な状況を招いた。

稲塚広美は第6章「世界遺産「富岡製糸場と絹産業遺産群」――SOYEUX DESTINS 絹が結ぶ縁」でも、群馬県の富岡製糸場の荘厳な建物を保存するための費用の問題が一概には言えないものであることを明確に示している。補助金や入場料収入だけでは十分ではないため、工場跡地は、必ずしも工場跡地の記憶の維持に結び付くとはかぎらず、さまざまな活動を展開しなければならない。このような活動は、遺跡の歴史的性格からはかけ離れているようにみえるかもしれないが、ルワルド鉱山歴史センターの場合のように、地域社会とのつながりを築くのにも役立っている。また、決して当初から地元住民に支持されていたわけではないこともわかる。工業用地を遺産と見なすアイデアは、ある種の懐疑的な目でみられていた。しかし遺跡が登録されると、当初の反響は相当なもので、見学者の数も多かった。

経済的資源であり、政治的プロジェクトでもある産業遺産は、研究者にとってもフィールドワークの対象であり資源である。同時に研究者は、政治的な問題やアイデンティティーの問題を無視することはできない。嶋﨑尚子は、第7章「石炭産業の最終局面での労働者・家族・地域――社会学研究の源泉としての産業遺産」のなかで、社会学者には住民を巻き込む大きな責任があることを示している。研究者は、博物館のような遺産を推進する地域アクターの味方なのである。嶋﨑はまた、話題性が高い問題があるときだけその地域に集まるメディアや研究者が調査結果を対象地域に送り返さないという事実を厳しく批判している。

中村尚史は、第8章「鉄道記念物と産業遺産――文化財保護をめぐる企業の社会的責任を中心に」のなかで、鉄道の事例を用いて、遺産保存に関しての企業の役割という問題を取り上げている。鉄道のケースは特に興味深い。というのも、鉄道は現在も操業している産業であり、ときには難しい選択を迫られることがあるからだ。東京都の高輪築堤跡の保存問題が示しているように、産業遺産保存は、JRのような大企業が従うほかの要請、特に財政的要請と対立する可能性がある。それでも中村は、遺産保存は歴史家にとって必要なだけでなく、企業のCSR(社会的責任)の重要な側面でもあると指摘する。

「産業遺産と遺産化プロセスへの歴史的接近――フランスの鉱山の事例」と題された第9章で、歴史家のマリオン・フォンテーヌは、産業遺産の強化は文化的な問題だけでなく、より一般的な公共政策の一環でもあるとみている。歴史研究は、産業に対する認識が変化するなかで、産業遺産を分析しなければならない。そして歴史研究はまた、産業遺産と変化する産業の集団表象との間の象徴的・政治的関係を分析しなければならない。このように、遺産化過程の歴史は、あらゆる次元の脱工業化の歴史に不可欠な要素なのである。過去の特定の要素を前面に押し出すことは、文化的資源を発展させ、地域住民の参加を刺激することにつながる。そしてそれは、近代化と教育を目指しているプロジェクトに役立つはずである。筆者が調査した炭田の場合、石炭の精神的・物質的な遺構は当初、炭田を近代化するために取り除くべき障害と見なされていた。しかしその後、それらは近代化に貢献する要素と見なされるようになった。

本書の最後を飾るのは、武田晴人による「アーカイブの窓から考える産業遺産」と題された終章である。武田は、日本で最も重要な産業アーカイブセンターである三井文庫の文庫長という立場から、産業遺産を構成するものについて特別な見解をもっている。武田の考えでは、企業のアーカイブは厳密には産業遺産ではない。しかし、アーカイブセンターは開発プロセスの一部である。福岡県田川市の場合のように、工業用地のもとの場所に残されなかったアーカイブを回収するために利用することもできる。武田がこの終章で指摘するように、産業遺産は現在も活動している遺産を含んでいて、必ずしも生産を停止したインフラとはかぎらない。しかしこの事実は、企業が手にしている遺産に対する姿勢にも疑問を投げかける。鉄道の問題は特に象徴的である。

本書が一般の人々にはアクセスしにくいと思われがちな専門的な学術研究の成果を、より多くの人々にアクセスしやすくすることで、研究と一般の人々の間を仲介する役割を果たすことができれば幸いである。

注

（1）Stefan Berger and Christian Wicke, "Deindustrialization, Heritage, and Representations of Identity," *The Public Historian*, 39(4), University of California Press, November 2017, pp. 10–20.

（2）Nathalie Heinich, "Généalogie d'une administration," in *La fabrique du patrimoine: De la cathédrale à la petite cuillère*, Éditions de la Maison des sciences de l'homme, 2009, p. 89.

（3）Tim Strangleman, "Deindustrialisation and the Historical Sociological Imagination: Making Sense of Work and Industrial Change," *Sociology*, 51(2), Sage Publications, April 2017, pp. 466–482.

（4）Maurice Daumas, *L'archéologie industrielle en France*, Robert Laffont, 1980.

（5）Denis Woronoff, "L'archéologie industrielle en France: un nouveau chantier," *Histoire, économie et société*, Armand Colin, 1989.

第1部

産業遺産とは何か

第1章

産業遺産の文化的・観光的プロモーション
――ルワルド鉱山歴史センター

カリーヌ・スプリモン［矢後和彦訳］

フランスのノール＝パ・ド・カレー炭田での石炭採掘の歴史は、石炭が初めて地下で発見された一七二〇年から、この地域の最後の坑道が閉鎖された一九九〇年まで、ほぼ三世紀にわたる。フランス北部に位置するこの炭田は、長さ百二十キロ、幅十五キロから二十キロの範囲まで広がり、合計二十億トンの石炭を産出してきた。活動のピークは三〇年代から六〇年代にかけてで、年間約三千万トンの採掘に平均二十万人が従事していた。

これらの数字はこの産業の歴史の豊穣さを物語る。それは人と風景に多大な影響を及ぼし、フランスの鉱山閉鎖にもかかわらず今日まで受け継がれている特別な文化を生み出してきた。

1　デロワ坑からルワルド鉱山歴史センターへ

この炭田の中心、人口二千四百人の村ルワルドで一九三一年に操業を開始したデロワ坑は、採算が合わなくな

写真1　デロワ坑の航空写真（1950―60年ごろ）
（出典：collections du Centre Historique Minier-prêt ANMT.）

ったため七一年に閉鎖された。同時に、この地域のすべての坑道を管理する会社であるノール＝パ・ド・カレー石炭会社の経営陣は、三世紀にわたる鉱業、産業、社会活動を後世に伝えるルワルド鉱山歴史センター設立の重要性を確信していた。この石炭会社の総裁アレクシス・デストルイスは歴史への情熱とビジョンをもっていて、この人物のはたらきかけによって、このプロジェクトは七三年の取締役会で承認され、ルワルドのデロワ坑が鉱山歴史センターの建設地として選ばれた。

デロワ坑が選ばれた理由は、緑に囲まれた環境にあるという工業用建物の美的魅力、高速道路に近い立地、炭田地帯の中心に位置すること、そして、この坑が両大戦間期の最盛期に石炭生産に携わっていたというその代表的な性質からである。さらに、デロワ坑は一九七一年に閉鎖されたが、建物はすべて残っていて、比較的良好な状態だった。しかし、当時ノール＝パ・ド・カレー地方ではまだ鉱業が盛んだったため、博物館の設立は古めかしい印象を与えかねなかった。そのため、ルワルド鉱山歴史センタープロジェクトは、ノール＝パ・ド・カレー鉱業博物館、アーカイブと文書資料のためのセンター、そして最後に科学的エネルギー文化のためのセンターという、三つの補完的な構造を当初から包含していた。

一九七〇年代には、この石炭会社のなかにチームが結成され、ほかの坑道が閉鎖されるたびに、道具、オブジェ、設備、アーカイブを収集しはじめた。現在では一万五千点以上のオブジェと全長二・五キロの技術アーカイブ、五十万点の図像資料、五百本のフィルム、七千冊の書籍からなる非常に豊富なアーカイブを構築している。このような重要なコレクションを築き上げることができたのは、操業中に遺産を保存して宣伝することを決意した会社のおかげであり、このコレクションの最初の「対象物」は、このすばらしい八ヘクタールの土地だといえるだろう。

ルワルド鉱山歴史センターの黎明期は、コレクションを充実させることに費やされ、一九八二年に石炭会社が文化省と地方自治体に鉱山歴史センター管理協会（一九〇一年法に基づく）を設立するまで、およそ十年間続いた。センターは、二年後の八四年に一般公開された。

ルワルド鉱山歴史センターはデロワ坑道跡の建物に徐々に移転していった。産業用地が文化的・観光的な場所へと転換していく過程では、当初、破壊・修復・建設・転換という四種類の建築的介入がおこなわれた。

予防的破壊

作業坑の構造物で実際に破壊されたのは、老朽化した給水塔、危険な弾薬庫、そしてこれら二つの問題を併せ持った金属性の納屋の三つだけだった。危険を避けるためという理由に加えて、これら三つのインフラは基本的に坑内作業を代表するものではなかったため、解体して公共の安全を確保することにした。

また、博物館の建物の外や建物から離れた場所にも、徐々に木が生い茂っていった。これらのエリアは破壊されたわけではなかったが、それでも来館者の通り道からは外れていなかったため、その後修復された。これらには坑内を走っていた鉄道網も含まれていて、石炭輸送というテーマと、鉄道の発展のうえで炭鉱が果たした先駆的な役割を探る機会を提供している。

遺産の修復

二つ目の建築的処置は、修復に関するものである。坑道が閉鎖されてからルワルド鉱山歴史センターがオープンするまでの経過年数を考えると、ファサードの改修、ヘッドフレームとそれを支えるすべての金属基盤の工事、屋根の修復など、建物の修復プログラムを実施する必要があった。

デロワ坑の場合、修復作業が建物の外部基盤に対しておこなわれ、来館者の通路に直接的な影響を与えない限りで、材料と技術の選択の真正性が最優先とされた。一方、修復作業を見学者エリア内でおこなう場合、見学者の動線や館内でおこなわれる解説の音声が聞こえるかどうかを考慮しなければならない。そのため、技師室、測量技師室、会計士室、医務室、ランプ室、馬小屋など、オリジナルのエリアの修復は、遺跡の真正性の尊重と見学者の快適さとの間で最善の妥協点を見いだすという観点からおこなわれた。また、鉱山に関する一般的な展示を設置するのに十分な広さを確保する必要もあった。この展示はのちに、地質学、歴史学、人類学の三つの展示に姿を変えた。

最終的な解決策は、浴室の一部だけを修復し、空いたスペースを使って石炭の形成、三世紀にわたる鉱山の歴史、鉱山の町の日常生活に関する教育的展示を設置することだった。浴室の空間は制限されたが、天井の高さが保存され、鉱夫の所持品を掛けるフックを支えていた金属製のレールをいまでも見ることができるため、もとの広さを理解するのに支障はなかった。ただし建築物の美観を優先したことから細部については不満が残るところもある。特に、この部屋の床は博物館のほかの部屋で使われているものと同じタイルが張られていて、もとの床とは素材が異なっている。

写真2　ルワルド鉱山歴史センター建物の外観（一部）
（©Centre Historique Minier）

新しい建物の建設

敷地への介入のなかでも第三のカテゴリーを構成する新しい建物の建設は、空間を改変しているという点で、決して無視できるものではない。特にデロワの坑道跡地では、広大な空間と狭い空間の間に断絶を生じさせたり、建物をくっつけたり、「残余の」空間との関係で建築物を密集させたりしている。例えば、採掘機とコンプレッサーを収容する二棟の建物の間には大きなガラス屋根がある。これは、解体される坑から救い出された堂々たる機械を保存する必要性と、建物のファサードを見せる必要性との間の、可能なかぎり最善の妥協案であることは間違いないだろう。

ルワルド鉱山歴史センターのなかの博物館の作業場と倉庫に関しては、新しいものを建てるという最初のアイデアが正しかったことは誰もが認めるところだが、その結果いくつかの批判も現れた。レンガ造りの壁と瓦屋根のこの建物は、戦間期に建てられた坑道内の建物の特徴に近い工業的な性格をもっていたのではないか、というのである。

ここで問題になるのは、不慣れな来館者がこの建物をオリジナルのものだと信じてしまうことである。それは実際には、博物館が適切に機能するために追加された断片なのにもかかわらず、である。工業用地を文化施設に再生する場合、コレクションの増加に合わせて技術的な建物の発展を考慮する必要が出てくる。デロワ坑では、コレクションに最良の保存条件を提供することと、遺跡の建築的真正性を維持することの妥協点を見つけなければならなかった。

これは機械のガラス張り展示を作ったときと同様、「広場（La cité）」と呼ばれた全面ガラス張りの建物を建設した際にもとられた立場である。この建物には、受付、ミュージアムカフェ、売店、二百人収容の講堂、文化的・専門的なイベントに使用される三つの部屋があり、企業もセミナーを開催することができる。意図的に異なる素材を使用することで、見学者は、おもにレンガで造られたデロワ坑内の歴史的建造物の透明な眺めを楽しむことができる。

転換

建築的介入の最後のカテゴリーである転換は、特に旧デロワ竪穴式製材所に適用された。この製材所は、歴史的に特別な価値があったわけではなく、百五十席のレストランを設置するために再利用されたにすぎない。収容者数はのちの拡張工事を経て倍増された。

坑口に博物館を設置することは、産業建築の真正性と博物館の有効性との間の建築的妥協の問題を常に提起するが、その問題を最も鋭く提起するのは、間違いなく坑底での作品の展示だろう。地上でのインスタレーションは、坑内作業を準備したり完成させたりするためのものである。ルワルド鉱山歴史センターにやってくるおもな目的は採掘坑道を見学することであり、来館者が最初に尋ねるのは、本当に地底に降りていくのかどうかということだからだ。この地底への降下と、それが意味するあらゆる危険は、鉱夫という職業を神話化するのに役立つ象徴的なものであり、観光客はしばしば、不快とはいわないまでもわずかな不安を抱いてルワルドを訪れる。

デロワ坑では、最後の坑道は深さ四百八十メートルの位置にあった。ノール＝パ・ド・カレー石炭会社は、この場所に博物館を設立することを検討した当初から、坑底の展示室を維持することは想定していなかった。もともとの展示室は、空調、ポンプ、設備のメンテナンスなど、維持・管理コストが非常に高かったため、文化施設として管理をおこなう可能性は否定されていた。しかも、建設現場はそれぞれ非常に離れていて、すべて同じ時代、つまり一九六〇年代のものだった。

こうしてルワルドでなされた選択は、十カ所の炭鉱坑道へのアクセスを可能にする展示回廊を備えた、全長四百五十メートルの経路を地表に再建することだった。これらの坑道は、十九世紀末から一九九〇年代まで、採掘技術の発展過程を年代順にたどっている。この展示の復元に使われた機材はすべて、炭田地帯のさまざまな坑道から持ち出されたもので、炭鉱労働者のチームによって作られている。こうした復元は厳格に考えられたものだが、他方でここでも一般の人々ができるかぎり快適に見学を終えることができるよう、一定の妥協を図っている。坑道の見学に関して快適さに言及するほかないという単純な事実が、図られるべき妥協の範囲の大きさを示しているのである。坑道で鉱夫が実際に移動した環境を再現すべきだということになれば、それはしばしば高さ五十センチの敷居をまたぐ通路になり、結果的にこうした環境に耐えられる人たちだけに見学者を限定することになってしまうだろう。さらに、文化発信の真正性の追求には限界があり、それを理解するために必ずしも炭鉱労働者の労働条件を体験する必要はないともいえる。

ここでもまた、見学者が地下の作業場に沿って歩けるように通路を掘ることで妥協が成立し、炭層を採掘するためのすべての段階と装置を見られるようにして、マネキンを置くことで作業場の様子を間近に実感することができるようになった。この見学ツアーでは、文化担当の解説者が体系的に案内をしていて、見学者に採炭のあらゆる側面を説明し、地下の雰囲気に浸ることができるよう、いくつかの機械を稼働させている。

残されたのは、この展示室へのアクセス、つまり降下そのものである。ここでもまた妥協案が採用され、見学

写真3　採炭場を再現した展示
（©E. Watteau, Centre Historique Minier.）

者は階段でリフトシャフトに向かい、もとの降下口があった場所、つまり地上二十メートルの粉砕機がある階層に向かう。そして、このシャフトを使って二十メートルを一分間で再降下するが、これは一秒間に八メートル、つまり四百八十メートルの深さまで移動しているように錯覚してもらう仕組みである。この下り坂は、一般の人々が産業遺産に浸るうえで重要な役割を果たすため、訪れるすべての人々にその印象を残し続けている。

結局のところ、産業用地を文化施設として修復・再生する場合、発生する問題に対する完璧な答えはない。そのつど、現場の特性や達成すべき目的に基づいて、適切な対応策を見つけるのは施設に関わるパートナー次第なのだ。

同じように、地表に再現された四百五十メートルの展示室は現場を多少歪めており、見学者の快適さと安全性を確保するために後方に設置されたさまざまな装置は、作業場の現実を変形させてはいるが、博物館が開館して四十年、何百万人もの見学者が鉱山文化にふれることに比べれば、このような本物からの逸脱はわずかなものといえるだろう。

2 ルワルド鉱山歴史センターの成功の理由

今日、ルワルド鉱山歴史センターは、オー＝ド＝フランス地域圏（ノール県、パ・ド・カレー県、ソンム県、エーヌ県、オワーズ県からなる新地域）の鉱業の記憶を伝える正真正銘の宝庫となっている。歴史的建造物に指定され、UNESCO世界遺産に登録された炭田地帯の傑出した遺跡の一つである。また、二〇一六年には、国、オー＝ド＝フランス地域評議会、ドゥーエ市町村連合、クール・ドストルヴァン市町村共同体の支援によって、任意団体から文化協力のための公施設へと生まれ変わった。ルワルド鉱山歴史センターはフランス最大の鉱山博物館であり、ヨーロッパでも最初の鉱山博物館の一つであるのに加え、毎年十六万人が訪れ、その半数は地域全体を見て回る、オー＝ド＝フランスで最も見学者が多い博物館でもある。この産業遺産を発見し、鉱山文化に浸るために、一九八四年の開館以来、すでに五百万人以上がルワルドを訪れている。では、この衰えを知らない熱意についてどのように説明できるだろうか。

この成功には多くの理由がある。第一に、見学者が快適に過ごせるようにスペースを調整しながらも、遺跡の真正性を尊重するという選択。第二に、人的な交流をもちながら地元住民による遺跡への永続的な同意確認をするという選択。第三に、あらゆる観客に対応しながら、記憶と伝達の場としての鉱山歴史センターの役割を強化するプログラム、そしてあらゆる分野のパートナーとのネットワークに基づくコミュニケーションと開発作業だといえるだろう。

遺跡の真正性という選択

炭田地域の人々は、常にルワルド鉱山歴史センターの仕事に携わってきていて、いまもなおそうである。センターが一般に公開されると、すぐに元鉱夫たちが最初のツアーを率いて、展示室を案内した。このやり方が二十年ほど続いたあとは、元鉱夫たちと接して訓練を受けた若い文化案内人たちが、次第に彼らに代わって案内をするようになり、その結果、来館者たちは、展示室の見学中に抱いた感動を失うことなく知識を確実に伝えることができるこのような案内人に大満足するようになったのである。

この展示の見学時間は一時間で、その間、案内人は見学者を地下深くの雰囲気に浸らせ、現場から現場へと案内し、機械を動かして騒音や振動を再現し、技術の変遷や労働条件、安全について説明する。この見学ツアーは、デロワ坑のすべての建物を使った、さまざまなテーマの大規模な展示に自由にアクセスすることで終了する。さまざまなテーマとは、石炭の生成、三世紀にわたる坑道の歴史、鉱夫たちの日常生活、浴室、ランプ室、採掘機など、原形をとどめるさまざまな産業用建物の機能などである。

元鉱夫たちは、三十分ほどの証言集会のために現場を訪れ、鉱山の地底や日中に体験したことを自らの口で語る。見学者は望むままに質問をおこない、彼ら鉱山の「生き証人」たちと感情を共有することができる。

地元住民による同意

地元住民によるルワルド鉱山歴史センターへの同意に関しては、特にある事業によって、私たちは長い間、元鉱夫とその子孫との間の直接的で非常に強いつながりを維持することができた。一九九〇年代半ば、私たちは、技術的・地質学的コレクションが非常に豊富である一方で、人類学的コレクションについてはそうとはいえないことに気づいた。そこで、メディアを通じて炭鉱地帯の人々に、台所用品や玩具、ガーデニング用品など、炭鉱の町で使われていた日用品や、家族の写真や手紙などの資料を博物館に寄贈してもらえないかと呼びかけた。元鉱夫とその子どもたちは、自分たちにとっては取るに足らないように思える品々でも、実はルワルド鉱山歴史センターにとっては真の証言価値があることに気づき、コレクションはすぐに集まった。彼らはまた、コレクションに加わることで、これらの品々や文書が何千人もの訪問者の目にふれ、鉱山で働いた男女の記憶を伝える一助になることにも気づいた。数年前から、これらのコレクションはテーマ別におこなわれるようになり、十年以上前からは、自発的な寄贈が多く寄せられるようになったため、コレクションを企画する必要さえなくなっている。毎年十二月初旬には、鉱山労働者の守護聖人である聖バルブの祭りの際に寄贈者への感謝のセレモニーがおこなわれる。その年の寄贈者全員が招待され、寄贈品が展示され、ジャーナリストも招待される。それぞれの寄贈品が人間の物語と結び付いているため、きわめて豊かな議論や感動的な出会いが生まれるイベントだといえるだろう。また、寄贈者はそれぞれの寄贈品と一緒に写真を撮り、そのポートレートは美術館のレセプションホールに一年間展示される。メディアはしばしば、このような形態の伝達と同意を大々的に報道する。実際、これらの寄贈者やその家族、友人にとって、美術館のコレクションのなかに展示されているのは自分自身の一部であるため、それは大変な誇りであり、定期的に見にきたり、人に見せたりするものなのだ。ルワルド鉱山歴史センターのリカレント活動は、元鉱夫の組合や、鉱山労働を体験していないために必ずしも詳細をよく理解できないままこの遺産の痕跡を日常的な環境で観察している若者たちとの間で、こうした遺産への同意と継承という目的を念頭に置いておこなわれている。

炭鉱の地元住民からの同意には特に注意を払っているが、観光客、研究機関、選挙で選ばれた代表者、研究者、大学関係者など、そのほかの人々へのはたらきかけにも力を入れている。このことを念頭に置いて、ルワルド鉱山歴史センターは、有形・無形の遺産に関する知識を深めたいと願うすべての人々にとって参考になる存在になっている。

意欲的な文化プログラム

展示室、常設展示、アウトリーチ活動を通じて鉱山遺産を日常的に宣伝することに加えて、文化プログラムでは毎年、鉱山文化に直接関連するテーマで、歴史的または科学的な大規模の臨時展示をおこなっている。このほか、しばしば芸術的な性格を有する展示もおこなわれ、見学者を驚かせるとともに鉱山文化への別の見方を提供している。

このような大規模な企画展では、ルワルド鉱山歴史センターの科学諮問委員会と連携した調査が必要であり、ほとんどの場合、同センターが所蔵する膨大な資料やコレクションを活用している。このような調査によって、移民、女性の役割、社会的地位、健康、ストライキ、景観の変容、世界紛争が鉱業に与えた影響など、鉱山というプリズムを通して、社会的議論の中心であり続けるテーマに取り組むことができるのである。

これらの展示のなかには、ヨーロッパ最悪の鉱山災害の一つであるクーリエール鉱山災害百周年（二〇〇六年）、第一次世界大戦百周年（二〇一四年）、移民に関するポーランド・フランス協定調印百周年（二〇二〇年）など、国家的な記念行事の一環としておこなわれるものもある。こうした展示は、これらの問題について世界中から研究者を集めて議論する国際的なシンポジウムの開催につながり、その後、フランス語と英語で記録集が出版され、現在ではデジタルで自由にアクセスできるようになっている。

コミュニケーションと能力開発戦略の実施

鉱山遺産に対する人々の絶え間ない熱意は、ルワルド鉱山歴史センターの全チームの日々の努力のおかげで維持・発展している。また、この産業遺産への関心ができるだけ広く伝わるように、多くの地域的・国内的・国際的な文化・観光ネットワークによって支えられている。

鉱山歴史センターでは、コミュニケーション・広報部門が、実際の訪問者、潜在的な訪問者、観光客、専門家、組織的な観客（資金提供者、寄贈者、影響力がある人など）、従業員など、あらゆる観客に向けて、同館のあらゆる活動を展開している。コミュニケーション部門は、見学のさまざまな側面（産業建造物の見学、テーマ展示、展示室、サービス、文化活動、巡回展示、開発プロジェクトなど）をカバーしていて、その目的は、センターの評判を維持すること、質が高いイニシアチブを追求すること、鉱山文化を促進・普及すること、質・量ともに見学者数を伸ばすこと、など多岐にわたる。その結果、センターとそのプログラムに関するコミュニケーションツールのデザインや制作、ターゲットへの配布、幅広いテーマに関するプレスリレーション、デジタルコミュニケーションの拡大などの戦略も生まれている。

ルワルド鉱山歴史センターは、印刷物、デジタル、ラジオ、テレビなど、毎年数百のメディアに取り上げられ、オー＝ド＝フランス地域圏だけでなく、フランスの他地域の地方紙や国内外の主要メディアにも取り上げられている。記事のアイデアを提供したり、ジャーナリストからの依頼に迅速かつ効率的に対応したり、さらには文化遺産ジャーナリスト協会のような団体や観光開発・代理店のようなパートナーを通じてジャーナリストとの強固なネットワークを構築・維持したりしてきた成果である。また、文化プログラムでは、鉱山歴史センターがさまざまな視聴者を対象にしたメディアで存在感を示すことができるよう、扱うテーマ（健康、スポーツ、歴史、遺産、産業、科学、建築など）に応じた専門的なタイトルのターゲティングを奨励している。鉱業の世界では幅広いテーマを扱うことができ、ルワルド鉱山歴史センターの公式サイトはいくつかの分野でベンチマークサイトになっているため、国内外のラジオやテレビで報道されることも珍しくない。

デジタルコミュニケーションの観点からいえば、インターネットとソーシャルネットワーク上でのルワルド鉱山歴史センターの知名度は、認知度とコミュニケーションの発展のために不可欠な「てこ」である。同センターのデジタルコミュニケーション戦略は、国内および世界規模で分析されたインターネットユーザーの行動傾向を参照している。(1) フランス人の八九パーセントがインターネットを利用していて、二〇二〇年にはその利用時間は一日平均五時間以上。また、ソーシャルネットワークについては六〇パーセントが利用し、二〇年にはその利用時間は一日平均一時間四十二分に達している。そのため、ルワルド鉱山歴史センターは、単なる現象にとどまらず、恒久的な特徴になっているネットワーク上での存在感を高めている。このプレゼンスは実を結びつつあり、閲覧者数は増加し、ルワルド鉱山歴史センターとその出版物を中心にした真のコミュニティーが形成され、非常に好意的なフィードバックが寄せられている。同センターが依拠するネットワークで最も活発なものは「Facebook」と「LinkedIn」である。また、週刊誌を数冊発行していて、そのトピックは行事日程、博物館の様子、舞台裏、歴史、コレクション、アーカイブ、記念日など多岐にわたる。ルワルド鉱山歴史センターは、より広範囲なターゲットをもつ「X」(旧「Twitter」)にも参加していて、ほかのネットワークも利用して画像の宣伝やビデオの共有をおこなっている。なお、写真には言語の壁がないため、「Instagram」は国際的な知名度に優れたネットワークである。ルワルド鉱山歴史センターは、ここに定期的に敷地や建築物、コレクションの美しい写真を公開している。

3 ネットワークの中心にあるルワルド鉱山歴史センター
——常に進化しつづける産業遺跡

ルワルド鉱山歴史センターは、ノール゠パ・ド・カレーの炭鉱地帯、ひいてはオー゠ド゠フランス地域全体を訪れる観光客と地元住民の交流を奨励するため、あらゆるタイプの施設と協力することを常に心がけている。ルワルド鉱山歴史センターは、鉱山の歴史が約三世紀にわたって景観とメンタリティーに強い影響を及ぼしてきたこの地域の、文化的・観光的な主要ゲートウェイである。

オー゠ド゠フランス地方を訪れる観光客やここに新たに移住する人々は、ほとんどの場合、鉱山文化を発見したり学んだりするためにルワルド鉱山歴史センター内の博物館を、ほかの機会とあわせて訪問するようになっている。これを念頭に、ほかの博物館(ルーヴル美術館のランス分館、ルーベの水浴施設を改修した美術館、リール・

ヴィルヌーヴ＝ダスク・アウトサイダーアート近現代美術館）、歴史・科学文化に関わるいくつものセンター、歴史的建造物、宿泊施設（ホテルネットワーク、キャンプ場、貸別荘など）、ツアーオペレーター、レジャー施設などと多くの提携を結び、地方自治体とも連携した観光開発機構と数多くのプロモーション活動を実施している。

二〇二〇年と二一年に、ルワルド鉱山歴史センターへのさまざまな訪問者を対象にした大規模な訪問者調査が実施された。この結果は、この産業遺産の文化的・観光的価値を促進するという使命と、訪問者の認識との一致を完璧に示している。すべての訪問者にとって、ルワルド鉱山歴史センターはこの地域に欠かせない文化の場であり、思い出を語り継ぐ場であり、鉱業の歴史全般を伝える教育の場であり、類いまれな産業遺産を保存する場であり、観光客が発見し楽しむ場であり、また科学研究の場である。

産業遺産全般、特に鉱山遺産の振興について結論づけると、ルワルド鉱山歴史センターは、UNESCO世界遺産に登録された鉱山地域のなかで「五つの鉱山遺跡委員会」として知られるネットワークの一員である。このネットワークを構成するのは、地域規模では、閉山して以降保存されてきた三つの鉱山、すなわちロース＝アン＝ゴヘルの第十一坑から第十九坑、オイニーの第九坑から第九bis坑、ワレーのアレンベルク・クレアティヴ鉱山であり、そしてこの地域で最も古い採掘坑の一つに建てられたブリュアイ＝ラ＝ブイシエールのシテ・デ・エレクトリシアンである。これら五つの遺跡群は、鉱夫住宅、ヘッドフレーム、ボタ山のような類いまれな産業遺跡と景観を考察し、また公開していく際の参照点になっていて、この途方もない人類そして産業の冒険と結び付いたあらゆる遺産要素を提供し、その一部は、さまざまな芸術的分野によって強化され、革新と創造の場になっている。

一般公開されてから四十年、ルワルド鉱山歴史センターは進化を続け、建造物遺産の保存、鉱山文化に携わるすべての人々の記憶の継承、そして常に現在の議論に活力を与えてきた主題を結び付けることに成功してきた。ルワルド鉱山歴史センターの次の挑戦は、その豊かな鉱山の歴史を生かして、地球温暖化について考え、行動を起こすよう人々に促すことである。

注

（1）デジタルおよびソーシャルネットワーキングの動向に関する年次調査。"Digital 2020: Global Digital Overview," Hootsuite and We Are Social, 2020 を参照。

第2章

産業遺産概念の展開と建造物の用・強・美

はじめに——遺産とは?

伊東 孝

嫌われた遺産概念

産業遺産概念という主題に入る前に、まずは遺産概念について説明しておきたい。筆者の専門である土木の世界では、遺産という言葉は、イメージが悪いということで長らく嫌われていた。

図1を見てほしい。これは、「建設業界」(日本土木工業協会、一九七四―二〇一一年)の一九八七年の年間の表紙写真を並べたものだ。写真の年間テーマは、「近代土木構築物」(傍点は筆者。以下、同)である。いまなら迷わず「土木遺産」になるはずだ。なぜ、「土木遺産」ではなかったのか。

ちなみに、日本土木工業協会というのは大手ゼネコンの集まりで、その機関誌である「建設業界」は当時四万

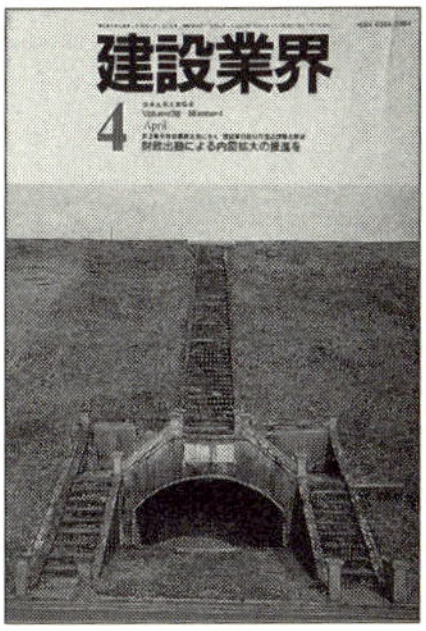

4月号
本河内高部貯水池ダム
（長崎県）

3月号
川崎河港水門
（神奈川県）

2月号
豊稔池ダム
（香川県）

1月号
南河内橋
（福岡県）

8月号
稚内港北防波堤
（北海道）

7月号
三角西港
（熊本県）

6月号
黒部川第二発電所目黒橋
（富山県）

5月号
安積疏水
（福島県）

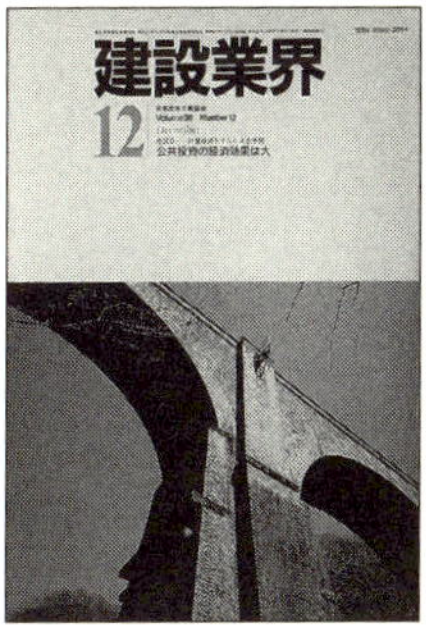

12月号
碓氷第三アーチ橋
（群馬県）

11月号
和田岬砲台
（兵庫県）

10月号
余部鉄橋
（兵庫県）

9月号
松重閘門
（愛知県）

図1 「建設業界」（日本土木工業協会）1987年の表紙写真テーマ「近代土木構築物」

部近くを発行し、無料で官庁や大学などに配布されていた。二〇二〇年、東京―名古屋間のリニア中央新幹線の建設工事で談合問題が取り沙汰されたが、当時も建設談合問題で業界が揺れていたため、広報活動が重視された時期だった。

ここに掲載されている土木構造物のなかには、その後、国の登録有形文化財や重要文化財、また世界遺産になったものもある。例えば三月号に掲載された神奈川県の川崎河港水門は国の登録有形文化財(一九九八年)になったし、七月号掲載の熊本県の三角西港は世界遺産「明治日本の産業革命遺産」(二〇一五年)の構成資産として登録されている。また十二月号掲載の群馬県碓氷峠にあるレンガ造りのアーチ橋・碓氷第三橋梁は国の重要文化財(一九九三年)になった。筆者が「建設業界」で連載を開始した一九八七年当時は、土木構造物はまだ文化財として認められていなかったため、この碓氷第三橋梁などは、レンガの間に樹木が生え、将来壊れる可能性があり、危険だということで、日本国有鉄道(国鉄)清算事業団が取り壊しの対象にしていた。十月号掲載の兵庫県の余部橋梁は、強風による列車転覆事故(一九八六年)を受けて架け替えられた(二〇一〇年)。筆者が「建設業界」で「近代土木構築物」を連載した当時は、土木構造物の受難のときでもあった。

ここではこれ以上の詮索はやめよう。「土木遺産」ではなく、なぜ「土木構築物」なのか、に話を戻す。

実は、この「建設業界」のテーマと対象物は、建築写真家の三沢博昭と筆者とが話し合って選定したものなのだ。筆者は当初、年間テーマとして「近代土木遺産」を提示した。しかし機関誌の編集長から、遺産という言葉は「残されたもの」「使われなくなったもの」「博物館行きのもの」「用ずみ」などを連想させ、「イメージが悪い。現役で稼働しているものに失礼だ」ということで却下された。そこで考えたのが、「近代土木構築物」だった。「近代土木構造物」でもよかったと思うが、編集長の意向もあって最終的には「近代土木構築物」に決まった。

遺産概念の転換——近代化遺産の誕生と世界遺産

しかし、悪いイメージの遺産概念にも転機が訪れる。一つは、文化庁が一九九〇年から始めた近代化遺産総合調査であり、もう一つは、九二年に日本が条約批准した世界遺産である。近代化遺産というのは文化庁が提案した行政用語であり、「近代化を担った建造物や工作物のこと」で、「具体的には、土木・交通・産業遺産をさす」[1]。産業遺産は、近代化遺産のなかに含まれたのである。建築遺産は単体保存が多いが、産業遺産の保存は単体ではなく、施設全体をシステムとして保存するのが特徴である。土木遺産は、その中間といえる。また、近代というのは、日本史の専門家によるとそれだけで一冊の本ができるといわれるが、文化庁では「幕末から敗戦(一九四五年)まで」とした。

前述したように、文化庁は一九九〇年から近代化遺産の全国調査を開始する。最初に近代化遺産調査をしたのは群馬県と秋田県である。この選定には、文化庁としても戦略があった。新しい施策を開始するのに、調査自体を無事に終えることはもちろんだが、調査終了後のことも考えて、最初の調査対象県を選んでいるのである。近代化遺産調査を終えた自治体には、ねぎらいの意味も込めて、これぞという構造物を一つ、国の重要文化財に指定した。例えば、群馬県では碓氷峠の鉄道施設(図1の十二月号)が選ばれ、秋田県では藤倉水源地水道施設が選ばれた。碓氷峠鉄道施設は、もともと国鉄の鉄道記念物に指定されていて、鉄道ファンの間では周知の物件だった。隠れた目玉が秋田県の藤倉水源地水道施設だった。水が流れない発電ダムが多いなか、ダムから水が流れる越流ダムである藤倉ダムの姿は魅力的だった。

近代化遺産調査の発表は、文化庁の記者クラブでおこなわれた。このとき記者の関心を引くことなくなんの報道もされなかったら、その施策はある意味、失敗である。これから何年もかけて全国調査をしていこうというのに、社会的な関心を引かなかったら文化財行政のつまずきになる。しかし幸いにも、新しい文化財として紹介された近代化遺産と、近代化遺産第一号の国の重要文化財指定は、マスコミでは好意的に紹介された。

産業遺産の概念を考えるとき、群馬県の調査報告書に注目したい。調査を開始するときに各県は調査委員会を立ち上げるが、群馬県では調査委員会の主任を、東京大学名誉教授で法政大学教授（当時）の村松貞次郎に依頼した。村松は、近代建築史の専門家であるとともに、産業考古学会（現・産業遺産学会。略称JIAS）の会員でもあった。

村松は、群馬県の調査報告書のなかで次のような注目すべき内容を指摘している。

・「近代化遺産」を、個々の独立したハードだけでなく、システムとして、ソフトまで考えるべきだ。
・「今まで文化財としての価値が認められなかったものに対して、〔近代化遺産は：引用者注〕あたらしい価値の発見」となる。
・そのための「所有者を含めた地域の人々までもが参加できる体制をとることに」寄与できる。(2)

文化財と聞くと、私たち土木や建築の関係者は有形の構造物や施設のことだけしか考えない。しかし、村松は構造物や施設の維持・管理や運営などのソフト面までも考えるべきだと提言している。しかも維持・管理や運営などに関しては、所有者だけにまかせるのではなく、地域住民が関われるような組織づくりや仕組みづくりを提案していたのである。

調査報告書が出されたのは一九九二年だが、村松の提言自体は九〇年にすでになされている。産業施設が地域社会を形作り、地域づくりに貢献することを産業遺産概念に包摂した国際的な定義が、二〇一一年に出されたICOMOS（国際記念物遺跡会議）とTICCIH（国際産業遺産保存委員会）の共同原則（ダブリン原則）であることを考えると、村松の提言は非常に先駆的だったことがわかる。ダブリン原則と根本を同じくする提言が、二十年前になされているのである。このことは後述する。

一九九二年、NHKのミニ番組『近代化遺産』（—一九九七年）が放映され、九六年からはTBS『世界遺産』

が始まり現在まで続いている。これによって多くの日本人は、近代化遺産や世界遺産がどのようなものであるかについてのイメージをもつことができた。遺産概念が大きく変わった瞬間だった。

1 産業遺産概念——誕生と展開

日本

●行政的位置づけ

前置きが長くなったが、主題である産業遺産概念について説明する。産業遺産概念に関連する団体として、日本では、文化庁と産業考古学会という二つの団体・機関がある。前述したように、文化庁の行政的な位置づけは、一九九〇年から始まった近代化遺産総合調査であり、この近代化遺産のなかに産業遺産も含まれる。法律的には、九六年に文化財保護法が改正され、条文中で「土木構造物」について明文化された。しかし残念ながら「産業構造物」という言葉は入らなかった(法文解釈上は、産業構造物は土木構造物に含まれる)。

●学会

学会としては、行政の動きよりも早く、一九七七年に産業考古学会が設立されている。この学会は、産業遺産の調査・研究者が集まる団体として作られ、後述する国際的な組織TICCIHの前身であるFICCIMやSICCIMの影響を受けて、わが国でも設立されたものだ。

一九九二年、日本は二十年遅れで世界遺産条約を批准し、世界遺産活動を開始する。その二年後、世界遺産委員会は、世界遺産の世界戦略(グローバル・ストラテジー)を発表する。これについては後述するが、産業遺産を重視するよう報告したものだ。

ここで、「近代化遺産」と産業考古学会の「産業遺産」との違いを整理しておこう。「近代化遺産」とは文化庁が定めた行政用語で、次の三つの特徴をもつ。

- 近代化を担った建造物や工作物のこと。
- 具体的には、土木・交通・産業遺産を指す。
- 保存するとき、施設を単体ではなく、システムとして保存するのが特徴。

また産業考古学会が対象にする「産業遺産」は、「過去の人間の生産活動の結果として遺された有形記録資料の総体[3]」を指す。ただ最近、この規定は揺らいできている。

海外

●イギリス

では、海外ではどうだろうか。海外で産業遺産の重要性にいち早く気づいたのは、産業革命が起きたイギリスである。

第二次世界大戦後、イギリスではアマチュア研究グループが産業遺産の調査や保存に乗り出した。これらの研究グループが野外に出て、各地に残る産業革命期の機械や構造物の調査を始め、次々にその成果を発表した。これを受けて、研究者のミカエル・リックスが一九五五年に「産業考古学（Industrial Archaeology）」を提唱した。ちなみにこれ以前は、産業の考古学（Archaeology of Industry）と称していたが、Industrial Archaeology と Archaeology of Industry との意味内容の相違について、英語を第一言語としない筆者にとって詳細は不明である。

一九五九年には、イギリスのナショナル・トラストが、保存運動が起きていたストラトフォード・アポン・エ

表1　産業遺産概念の比較——TICCIHとミカエル・リックス

TICCIH（1978年）	ミカエル・リックス（1967年）
有形の証拠物（**景観・**遺跡・構造物・機械、製品その他**道具類**）、産業証拠物の**絵画・写真**による記録、産業に関わりをもった人々の**記憶・意見などの記録**を包含する。	産業革命期の**優れたもの**を、記録ないし保存し、**初期の産業活動の場所と構造物。**

＊太字は、両者の相違をわかりやすくしたもの。

イヴォン運河をイギリス水路局から修復の目的で借用し、周辺整備もおこなってナロウ・ボートを運航して、運河観光としての地位を築いている。六七年には、産業考古学を提唱した前述のリックスが、産業考古学の定義を「産業革命期の優れたものを、記録ないし保存し、初期の産業活動の場所と構造物を解釈すること」(4)とした。現代から考えると、時代や対象物、内容、保存など、かなり限定的な概念だったが、その後産業考古学の定義は時代をさかのぼり、研究対象も広がった。

●国際機関

国際機関では、どのようなものがあるのだろうか。

①TICCIH（一九七八年）

イギリスの呼びかけで始まったと記憶しているが、産業遺産を保存しようという国際会議が、イギリスの産業革命の生誕地アイアンブリッジで開催された。略称FICCIM（The First International Conference on the Conservation of Industrial Monuments：第一回国際産業記念物保存会議）といい、開催は一九七三年である。二年後の七五年にはドイツで開催され、二回目だという意味合いを込めてSICCIM（The Second International Conference on the Conservation of Industrial Monuments：第二回国際産業記念物保存会議）と称した。

さらに三年後の一九七八年にはスウェーデンで開催された。当初は第三回と称していたが、定例的な国際会議にしようということで、名称を前述のTICCIHとし、扱う対象物を「優れたもの、記念碑的なもの」を意味するMonumentsから、「未来に残すべきもの、子どもたちに継承すべきもの」を意味するHeritage（遺産）に変えた。

「産業遺産」は、歴史的・技術的・社会的・建築的または科学的に価値がある
産業文化の遺跡で構成されている。

↓

・これらの遺跡は、建造物や機械、作業場、製粉所や工場、鉱山および選別作業場や精錬所、倉庫や店舗（**建造物類**：筆者）
・**エネルギー**が生まれ、移動し、消費される場所
・輸送機関や**インフラストラクチャー**だけでなく、
・生活・宗教的礼拝・教育など産業に関連した**社会活動で利用される場所**によって構成されている。

図2　ニジニー・タギル憲章（TICCIH、2003年）の産業遺産概念
＊矢印の下の太字は、おもに新しく加わった産業遺産。

そして産業遺産概念を規定した。規定自体は、おもに対象物を念頭に置いたものだが、六七年のリックスの規定と比較すると違いがよくわかる（表1）。「産業革命期」という時代設定がなくなったうえ、優品物（優れたもの）にかぎらなくなったことで対象範囲も太字で記したものにまで広がる。

②ニジニー・タギル憲章（TICCIH、二〇〇三年）

二十五年後の二〇〇三年、産業遺産に対する国際的な関心の広がりと研究の深化のなかで、TICCIHは画期的な憲章を採択した。この憲章が採択されたのは、ロシアのニジニー・タギルで開催された第十二回の国際会議のときだった。「産業遺産のニジニー・タギル憲章（The Nizhny Tagil Charter for the Industrial Heritage）」では、「産業遺産の定義」を「産業遺産」「産業考古学」「対象年代」として三つの項目に分け、整理している。

産業遺産については、わかりやすく図2のように箇条書きで表現してみた。一言でいえば、「産業遺産＝産業遺跡」である。「遺跡」には、MonumentsではなくRemainsという言葉が当てられている。ここには、稼働施設や現役施設は含まれていない。

産業遺産の対象範囲は、一九七八年にTICCIHが規定した産業遺産と比較すると、より広く包括的になった。生産現場の対象物だけでなく、それから発生ないしは派生する「エネルギーが生まれ、移動し、消費される場所」までを射程距離に置いている。「消費される場

所」とは、「生活・宗教的礼拝・教育など産業に関連した社会活動で利用される場所」をも含む。当然、その間を結ぶ輸送機関やインフラストラクチャーも対象にしているのである。
また、この憲章では「産業考古学」という学問も定義している。

産業考古学は、産業製法のために、ないしは産業製法から生まれた、文書、人工産物、層位論的方法および社会構造、人間居住地、自然景観や都市景観の、有形・無形を問わず、すべての証拠を研究する学際的な方法である。産業の過去と現在をより深く理解するのに、最も適した調査方法を利用する。[5]

この定義で興味深いのは、産業遺産の定義には含まれない無形物が研究対象には含まれていることである。あらためてニジニー・タギル憲章の前文をみると、二〇〇三年のTICCIHの国際会議では、無形の産業遺産についてかなり言及されたことがわかる。「2003 TICCIH会議に参集した代表者は、(略)有形・無形で現れているすべてのモノは基本的に重要だと主張したい」[6]と前文に記されている。

さらに、重要な産業遺産については「ヴェニス憲章の精神にのっとって識別され、保護され、維持されるべきである」[7]とある。これについては、多少驚きを覚えた。というのは、ヴェニス憲章は建築や都市計画の分野ではよく目にし、耳にする言葉だったが、国際的には産業遺産の分野でもすでに導入していたからだった。産業遺産の保全について、ヴェニス憲章の精神を明記したのは、TICCIHの文書類では初めてのことだった。

また研究方法としては、内容をより理解するのに「最も適した調査方法を利用」するとあり、今日であれば、遺伝子解析やAI(人工知能)手法、また将来は量子コンピューターを駆使することも考えられる。

それでは対象年代はどうか。産業のルーツからなので、人類史の始まりから「現在まで」になる。

以上のように、ニジニー・タギル憲章はTICCIHのそれまでの調査・研究の総括ともいえるような内容であるとともに、そのあとのTICCIHの活動を方向づける画期的なものになった。多少繰り返しになるが、要

表2　ダブリン原則の産業遺産概念

「産業遺産」は、	
1．対象物	関連する機械類、モノまたは文書類だけでなく、 サイト、構造物、複合施設、地域や景観…… 原料の採り出し、生産工程、……商品への変換、…… エネルギーや輸送インフラ……
2．時代と環境	古代であろうと現代であろうと、 産業活動の過程が、……文化面での環境と自然環境の間の深い結びつき……
3．有形物と無形物、生活様式、社会・文化遺産	有形の価値あるもの、また技術的ノウハウ、職場や働く人の組織のような無形の様相、 そして地域社会の生活を形づくり、 また社会全体や世界に大きな組織上の変化をもたらした社会遺産や文化遺産を含む

（出典：「日本語・英語 ICOMOS-TICCIH 共同原則 14.01.2011」〔https://sangyoisankokuminkaigi.jimdoweb.com/〕［2024年12月21日アクセス］を整理して作表）

約すると以下のようになる。

産業遺産概念の対象自体は、具体的なモノに限定したが、学問としての産業考古学ではそれに関連する無形なモノをも含み、対象年代は人類史の始まりから現代までとした。また産業遺産を保存し、維持・管理や利活用をするには、「ヴェニス憲章の精神」にのっとることを明記した。このような規定をしたからこそ、次に述べるＩＣＯＭＯＳとの共同原則（ダブリン原則）へと発展したと考えられる。

研究方法としては、内容をより理解するのに「最も適した調査方法を利用」するとあり、現在の最先端技術である遺伝子解析やＡＩ、量子コンピューターなどの利用はもちろんのこと、今後に登場する新たな技術や方法を利用するという含みももたせている。

③ダブリン原則（ＩＣＯＭＯＳとＴＩＣＣＩＨの共同原則、二〇一一年）

ニジニー・タギル憲章の八年後の二〇一一年には、建築と都市計画を専門にするＩＣＯＭＯＳと産業遺産を専門にするＴＩＣＣＩＨとが、産業遺産に関する共同原則（ダブリン原則）を発表する。ダブリン原則の正式名称は、「産業遺産を継承する場所、構造物、地域および景観の保全に関するＩＣＯＭＯＳ―ＴＩＣＣＩＨの共同原則」という。

この原則では、産業遺産概念はますます包括的で総体的な規定になる。産業遺産に関係する「サイトや構造物、複合施設、地域や景観」は当然として、関連するインフラ施設、時代は限定がなくなって現代まで入り、文化的環境や自然環境との結び付きをも考慮し、有形の価値と無形の様相、社会遺産・文化遺産をも含むとしている（表2）。

ＴＩＣＣＩＨのニジニー・タギル憲章では産業遺産は具体的なもの（有形物）に限定し、無形物は産業考古学の研究対象としていたが、共同原則ではこれも産業遺産概念に含めた。このような多少の違いはあるが、「ヴェニス憲章の精神」にのっとって産業遺産の保存や維持・管理、利活用することを明記したＴＩＣＣＩＨにとって、基本的なスタンスは変わらないことから共同原則の締結に至ったと考えられる。

ここであらためて、三十年前の一九九二年に「近代化遺産はシステムとして、ソフトまで考えるべき」として、産業遺産の維持・管理や運営などは所有者まかせにするのではなく、地域住民も関われるような組織づくりや仕組みづくりをするべきだと提唱した村松の先駆性を思い起こしてもいいのではないだろうか。

以上、歴史的経緯を踏まえながら、「産業遺産概念の誕生と展開」を要約的に叙述してきた。産業遺産概念の変遷の特徴を一言でいえば、産業遺産概念は時代を経るにつれ、包括的・総体的な規定になった。これを具体的にいえば産業遺産の対象は、生活・産業に関わる社会全体だけでなく、それは自然環境をも包含し、宇宙空間をも射程に入れているといえる。産業遺産をより総合的に理解し把握していこうという姿勢がうかがえるが、対象は拡散する傾向にある。産業遺産概念の包括的な捉え方としては正しいと思うが、概念自体は希薄化し、また対象は絞りきれなくなる。一般的にいえば、あらゆる対象には社会関係があり、自然環境との関わりをもつ。このようなことは、憲章や共同原則を検討した委員は当然理解しているはずである。そこで次のように考える。

ある産業遺産が検討対象に挙がった場合、その価値や意義について、前述した内容を含め、できるかぎりあらゆる観点からの個別具体的な検討が必要であることを、ダブリン原則は述べているのではないか、ということである。ダブリン原則を、産業遺産の範囲や内容を定める〝規定概念〟ではなく、産業遺産の状況を理解する〝認識概念〟として考えるのである。そうすることによって、産業遺産の意義や価値をより広い枠組みで検討でき、従来の専門的枠内で捉えていた意義や価値から解放されて、新しい意義づけや価値が見いだされるのではないか。このような捉え方は、ある意味、社会と時代の要求によって生まれたといえる。

ＴＩＣＣＩＨのニジニー・タギル憲章やＩＣＯＭＯＳとＴＩＣＣＩＨの共同原則（ダブリン原則）からわかるように、いまや産業遺産の定義は、有形物だけでなく無形物をも含んでいる。そして産業考古学の方法論からすれば、内容を理解するのに最も適した調査・解析方法を使用すればよい。一人の人間はオールマイティーではないので、学際的で総合的な研究が好ましいのである。これはべつに産業考古学に限ることではなく、すべての学術分野に共通していえることだ。

共同原則では、産業遺産は「無形の様相」や「社会遺産」をも含むとしている。しかし忘れてならないのはＩＣＯＭＯＳは基本として有形遺産を対象としているのに対して、ＴＩＣＣＩＨが対象とする産業遺産は、無形遺産も有形遺産も同等に取り扱うということにある。ついでに付言すれば、世界遺産では、有形遺産を世界文化遺産、無形遺産を記憶遺産として分けて扱っている。

グローバル・ストラテジー

以上に記した産業遺産概念の推移とも関係するが、ここでは有形遺産としての産業遺産がどのような経緯で世界遺産になったのか、について叙述する。

一九九四年、世界遺産委員会は、グローバル・ストラテジーを発表した。正式名称は、“The Global Strategy for a Representative, Balanced and Credible World Heritage List”といい、日本語では「世界遺産一覧表における不均衡の是正及び代表性・信頼性の確保のためのグローバル・ストラテジー」という。長いので一般的には「グローバル・ストラテジー」と呼ばれている。「世界遺産の世界戦略」でもいいと思うが、きなくささを避けたのだろう。さて、戦略というからには、グローバル・ストラテジーの狙いは何か。

表3　地域別世界遺産数（1993年現在）

	1993年	%
ヨーロッパ・北米	190	46
アジア太平洋	81	20
中南米	53	13
アラブ諸国	45	11
アフリカ諸国	40	10
総　計	409	100

＊表の遺産数は、当時はUNESCOのウェブサイトで確認できたが、現在は省略されている。

表4　種類別世界遺産数（1993年現在）

	サイト数	%
文化遺産	304	74
自然遺産	90	22
複合遺産	16	4
総　計	410	100

＊表の遺産数は、現在も「UNESCO World Heritage Centre - Global Strategy」（https://whc.unesco.org/en/globalstrategy/）［2024年12月21日アクセス］で確認できる。
＊表3と表4の総計は、本来同じ値のはずだが、相対的には大差ないと判断した。

一言でいうと、「世界遺産の不均衡是正」にあった。世界の文化や自然は、本来多様であるのに、それまでの世界遺産リストには、それが反映されていないというのだ。報告では、それまでの世界遺産リストについて次のように総括した。「世界遺産リストの現在の形式は、地域的、時代的、および理念的に不均衡である。世界遺産の重点は、いまだに記念碑的建築に置いていて、狭義の文化遺産に限られている。世界遺産リストは、生きている文化や、民族学的・考古学的景観、そして幅広く豊かでOUV（顕著な普遍的価値）がある人間活動の諸領域を反映していない」[8]。また不均衡を是正する文脈として、大きく以下の二つの観点を提起し、抽象的ではあるが、内容例を提示している。

①土地と人との関わり：人々の移動（遊牧、移住）、集落、生活様式・生活形態、技術の進化

②社会と人との関わり：人的交流、文化の共存、精神性と創造的表現

また、アンバランスの例として、表3の「地域別世界遺産数」と表4の「種類別世界遺産数」を挙げている。地域的には、ヨーロッパ・北米（四六パーセント）とアジア太平洋（二〇パーセント）が多く、両者だけで七〇パーセント近くになるとともに、その多くは先進地域で占められている。種類別では、文化遺産が七四パーセントで、自然遺産（二二パーセント）の三・四倍であり、文化遺産と自然遺産の複合遺産はわずか四パーセント

表5　世界遺産の分野別課題

多すぎる分野	当面注目すべき分野	調査が必要な分野
①ヨーロッパ物件	①産業遺産	①砂漠
②歴史的な町や宗教的建造物	②文化的景観	②海岸・海洋遺産、海事遺産
③キリスト教物件	③20世紀建築	③小島の遺産
④特徴的な時代の物件		④Itinerary（絹の道、朝鮮通信使、海の道、巡礼の道→Heritage Route?）
⑤有名建築家の物件		

（出典：「Expert Meeting on the “Global Strategy” and thematic studies for a representative World Heritage List」〔https://whc.unesco.org/archive/global94.htm#debut〕［2020年4月17日アクセス］から作表。なお表中の「多すぎる分野」は現在、前掲「UNESCO World Heritage Centre - Global Strategy」から確認できる）

だった。

また内容についても、①ヨーロッパ物件、②歴史的な町や宗教的建造物、③キリスト教物件、④特徴的な時代の物件、⑤有名建築家の物件が多すぎる、とコメントした。

これに対する問題解決策として、分野と遺産対象、調査・研究活動面から三つの提案をしている。分野としては、比較研究の作業が進んでいる①産業遺産、②文化的景観、③二十世紀建築の三つにまず着目すべきとした（表5）。

そのうえでレンガ造りのゴシック建築や要塞都市のように、文献が豊富で国際的にもカバーされている遺産の地域比較研究は、すでに世界遺産リストに掲載されている締約国同士で研究すべきとした。また特にアフリカのサハラ以南など原始史跡がある場所は、コーカサス地方の資産と同様の研究支援を訴えた。

見いだすべき遺産対象としては、以下の事例を挙げている。①砂漠、②海岸・海洋遺産、海事遺産、③小島の遺産、④文化の道（原文ではItinerary。巡礼の道や絹の道、朝鮮通信使のルートなど）。

調査・研究活動としては、専門家による討議と調査、テーマ別調査と比較研究の重視、行動についてのコンセプトを掲げ、具体的には進捗報告書、資料作成、ニュースレターの発行、決定文書の作成を提示した。あわせてこのときグローバル・ストラテジーでは、申請予定遺産の暫定リスト作りも提案していた。

しかしこのころわが国では、世界遺産条約を批准し（一九九二年）、翌年、一度に四つもの世界遺産（法隆寺、姫路城、白神山地、屋久島）が登録されたことなどで世界遺産ブームに沸き立っていたことで、グローバル・ストラテジーが話題になることはなかった。

グローバル・ストラテジーでは、世界遺産の登録を進める第一の分野として産業遺産を掲げた。だからといって産業遺産が世界遺産にまったく登録されていなかったわけではない。世界遺産の登録が開始された一九七八年には十二件の世界遺産が登録され、そのなかにはヴィエリチカ岩塩坑（ポーランド）も含まれている。しかし九三年までに（分類方法にもよるが）産業遺産が世界遺産に登録されたのは、わずか十件である。

前述したＴＩＣＣＩＨのニジニー・タギル憲章の制定が二〇〇三年であることや、ＩＣＯＭＯＳとＴＩＣＣＩＨの共同原則が一一年であることを考えると、これらの憲章や共同原則がグローバル・ストラテジーの影響を受けていることは容易に想像できる。

2　建造物の用・強・美

建造物の用・強・美の捉え方

同じ建造物でも、建築・土木・産業施設（遺産）での位置づけはそれぞれ違う。例えば産業施設の建築物には工場や事務所があり、土木施設には管理棟などがある。橋やトンネル、鉄道・道路などは、あるときは土木施設、そしてあるときは産業施設として造られる。これらには、どのような違いがあるのか。ここでは産業遺産の特徴をより明らかにするため、建造物を建築遺産・土木遺産・産業遺産の三つに分け、直感的・感覚的判断、用・強・美、建造物、システムとネットワーク、所有者という五つの指標を手がかりに、三つの遺産の相違を検討す

表6　建築・土木・産業遺産の指標別比較

	建築遺産	土木遺産	産業遺産
直観的・感覚的判断	美しい わかりやすい	両者の中間	わかりにくい
用・強・美	**用・強・美**	**用・強**・美	**用**・強・美
建造物	構造材 ＋ 内装材・外装材	構造材そのもの	内部の機械類が重要 工場は仮設構造物
システムとネットワーク	単体	国土・地域 （ネットワーク、 システム系）	地域・地区内限定 （システム系）
所有者	個人・民間企業	国・自治体	民間企業

＊用・強・美欄の太字は重視要素を意味する。

る（表6）。

●直感的・感覚的な相違

これは建造物を一目見たときの好き嫌いや良し悪しの判断である。いちばんわかりやすいのは、建築遺産だろう。美しいものが多く、芸術作品的なものも多い。

これに対し、いちばんわかりにくいのが産業遺産である。構造美や機能美を感じる人もいるが、万人がその美しさを感じ取れるわけではない。土木遺産は、両者の中間である。

●原理的な相違

三者の相違をもう少し原理的に考えてみる。建築遺産と土木遺産は合わせて建造物ともいうが、ここでは区別して考える。建造物の「建」は建築物を意味し、「造」は構造物を意味する。建造物の用・強・美の捉え方（「用・強・美の三位一体論」ともいう）は、もともとローマの建築家マルクス・ウィトルウィウス・ポッリオが提唱した建築の三原則（delight, firmness and commodity）に由来している。delightが美、firmnessが強、commodityが用に対応している。

①用・強・美

建築は、用・強・美がともに大切で、あるときには美がいちばん強調される。ある対談企画で工学院大学の後藤治教授に土木構造物の「三位一体論」を説明したら、東京大学の建築の授業では美・用・強と教わったことがあるといわれた。建築では、美がいちばん重視されるというのである。

これに対して土木構造物は、どうか。美ももちろん大切だが、現代ではどちらかというと機能と構造的な強さが重視される。土木で用・強・美の三位一体論が叫ばれたのは、戦前の大正から昭和初期だった。

では、産業遺産はどうか。用・強・美で考えると、産業遺産は用、つまり「機能」がいちばん大切である。なぜか。工場などの上屋を例にとると、美は考慮の外になる。大切なのは、工場のなかにある機械や設備などである。簡単にいえば、産業施設は内部の機械や設備などの装置が重要であり、工場はそれを保護するためにある。保護する必要がなければ精留塔やパイプラインのように野ざらしでもかまわない。工場建物は、言ってしまえば仮設構造物でもいいことになる。

生産システムに組み込まれている工場は、社会の動きをみながら新しい技術を取り入れ、技術革新のようにシステム自体を大きく変えることもある。この意味では産業施設は変化することが必然といえる。これらの変化に対応するためにも、工場建物は仮設構造物のほうがふさわしいことになる。

②建造物

建築物には柱や梁という構造材がある。それに住まいの快適性や使い勝手（機能）を考えて内装材が取り付けられ、外界からの遮蔽と保護などを考慮して外装材が貼り付けられたうえで建物ができあがる。建築物には当初から用・強・美の統一が求められ、内部空間と外部空間の美も重要な要素になっている。美が最も重視される場合があることを、すでに指摘した。

これに対して土木構造物は、美も求められるが、戦後はどちらかというと機能（用）と構造（強）が重視されてきた。代表的な土木構造物である橋を例にとるとわかりやすい。構造材はむき出しで、内装材や外装材はない。建築物と土木構造物の中間的な構造物である屋根付き橋があるが、これは例外である。土木構造物は構造材がむき出しで風雨にさらされるので、存在条件は厳しい。したがって、建築物のように閉ざされた空間だと利活用方法は考えやすいが、橋などの場合はそうはいかない。
構造物の利活用のしやすさについて、三者の相違を考えてみる。(四方に壁があって屋根がある)内部空間をもつ構造物は、建築物に限らず利活用はしやすい。土木構造物でも内部空間があれば、トンネルをワイン倉庫やレストランにしたり、水道施設の配水塔や半地下配水池を美術館や集会施設に利用した事例を見いだすことができる。吹きさらしの橋であっても、夏の間だけ一時的に橋上ビアガーデンにしたり結婚式場にしたりしたというユニークな事例もある。しかし雨天の場合は最悪だ。

③システムとネットワーク

システムとネットワークの相違は、どうだろうか。単体としての建築物は、システムを含め、それ自体で一つにまとまっている。これに対して土木構造物は、橋は単体の構造物ではあるが、基本的には道路や鉄道の一部だし、発電所もダムで水を溜め、水路を利用して貯水槽に導き、そこから一気に水を落として発電する。さらに送電システムで電気を送り、変電所で電圧を下げて各家庭に配電する。各構造物や施設は、大きなシステムやネットワークの一部であり要素である。水道施設も同じように考えることができる。

産業施設は、電力や水の入手まで考慮して広域的なネットワークと捉えたり、さらに採炭地や採鉱地まで含めて考えることもできる。少なくとも産業遺産は工場という地区やゾーンとしてシステム的な検討を加えることができるのだ。

では、土木施設と産業施設とのシステムやネットワーク的な相違は、どこにあるのか。土木のネットワークは、道路網や鉄道網のように全国に広がり、実際にモノ同士が実体的につながっていることに特徴がある。これに対して産業施設は、空路や海路など国際的なネットワークを構築しているかもしれないが、実体的なネットワークではなく、飛行機や船舶などの移動体を通したネットワークである。またシステムという点では、土木では飛行場や港湾施設のように広大な面的システムを構成しているものもあるが、産業施設と比べるとその数は限られている。土木施設は線的なネットワークであり、産業施設は面的なシステムといえる。建築は単体(システム)である。

④所有者

「所有者」の指標からは、どのような相違がみられるのか。またなぜ、この指標が利活用のうえで重要なのか。それは、これが各遺産の維持・管理と保存に関わる指標であり、ある意味、遺産の保存や利活用にとって現実的にはいちばん大切な指標だからである。

建築遺産の所有者は個人や民間企業が多く、土木遺産の所有者は国や地方自治体が多い。産業遺産は民間企業が多い。日本では文化財の指定や登録に際しては所有者の同意が必要だし、文化財の修理に際しては所有者の立場によって補助金の出方が違う。また維持・管理のあり方や方法も異なる。

保存の考え方の相違

保存に際して、工場や一地区のすべてを保存できれば、それに越したことはない。利活用は、頭で考えるより、現場に行って具体的にモノや作業風景を見たほうが保存や利活用の知恵や案が出やすい。ある鉱山会社の社長は例え話として、鉱山施設では、埋蔵量を採り尽くした翌年ぐらいに関連施設の寿命が尽きると、鉱山施設としてはいちばん効率的で最適な設計なのだと言っていた。たしかに、埋蔵量と採掘年数に対応した施設や構造物を設計できればいちばん経済合理的である。この意味では産業施設は永久的な構造物ではなく、基本的には前述したように仮設構造物として考えていることになる。新潟・佐渡の鉱山施設などをみると、トタン屋根などの施設もある。しかしそれが重要文化財の指定を受けると、重要文化財は永久保存が原則なので、この意味では論理矛盾を起こしていることになる。

これに対して、土木構造物は永遠を目指す。明治になり、木橋に代わって鉄の橋やコンクリート橋が登場したとき、土木の世界ではこれを永久橋梁と呼んだことがあった。最近それを取り上げて、あるテレビ番組が批判していた。「永久橋梁という言い方をするから、いつまでも長持ちすると間違えられるんだ」。永久橋梁という呼び方は、永遠にもつという意味ではなく、永遠にもってほしいという願いを込めて呼んだものと理解しているが、ちまたでは永遠にもつと理解されていたのだろうか。同じような表現では、万年塀という鉄筋コンクリート塀がある。二十年もつ木橋に対し五十年から六十年以上もつ鉄の橋やコンクリート橋が、より長持ちすることは確かである。今日では、幹線道路の重要な橋は維持・補修や管理を綿密におこなって、二百年橋梁を目指している。

以上、三つの遺産にみる保存・修復理念の相違を簡単に整理すると、次のようにいえる。建築は竣工時から美が大切な要素であるとともに、竣工当時が最も美しい。このことが、木造建築の修復理念になっていると考えられる。これに対して土木構造物は、永久構造物が理想ではあるが、安全・安心の用・強を重視して長持ちする構造物を目指している。産業施設は一定期間だけの仮設構造物ないしは生産システムであり、新しい技術を取り入れ、技術革新のようにシステム自体が変わることもある。この意味では産業施設は変化することが必然である。したがって、産業遺産の保存や修復理念を考える場合も、このような変化のプロセスを残しておくことが大切といえる。そうでないと、産業施設の本質を見誤ることになる。

世界遺産と用・強・美

世界遺産では、人類にとって現代および将来にわたって重要な傑出した文化財的意義や（または）自然的価値のことをＯＵＶ（Outstanding Universal Value：顕著な普遍的価値）と呼んで、世界遺産登録の判断基準にしている。ＯＵＶは、真正性（Authenticity）と全体性（Integrity）の二つの特性に分けられている。「世界遺産条約履行のための作業指針」では、真正性の属性として八つ（①形状・意匠、②材料・材質、③用途・機能、④伝統・技術・管理体制、⑤位置・環境、⑥言語その他の無形遺産、⑦精神性・感性、⑧その他の内部要素・外部要素）を挙げ、遺産に合った属性を選んで真正性の程度を分析して全体性を検討するよう促す。あわせて各属性間の関連性を分析・検討して、遺産総体の全体性を評価する。

世界遺産の八つの属性と前記の構造物の用・強・美とは、どのような関係にあるのか。構造物なので、真正性

表7　構造物の真正性（Authenticity）の属性と用・強・美との関係

構造物の真正性の属性		用・強・美
①形状・意匠（form & design）	➡	delight（美）
②材料・材質（materials & substance）	➡	firmness（強）
③用途・機能（use & function）	➡	commodity（用）
④伝統・技術・管理体制 (tradition, techniques & management systems)		
⑤位置・環境　(location & setting)		

に関する属性として①から⑤の五つを取り上げる。このうち①から③の三つの属性は、ローマの建築家ウィトルウィウスが提唱した建築の三原則（delight, firmness and commodity）に対応している。形状・意匠は delight（beauty）に通じ、材料・材質は firmness（structure）と関連する。用途・機能は commodity に通じる。

属性⑤の位置・環境は、周辺環境や地区内のほかの施設との関係性と解釈できる。そして全体性については、それぞれの属性のところで検討することにする。この関係を表にしたのが、表7である。世界遺産では、用・強・美の関係が逆転し、美・強・用になり、建築と同様に美を上位に置いていることがわかる（しかし建築では、美・用・強の順だった）。

おわりに

土木の世界で忌み嫌われていた遺産概念は、NHKのミニ番組『近代化遺産』や世界遺産の登場によって、大きく変わった。また観点は違うが、国際的にも産業遺産は産業革命遺産の有形物の概念だったものが、時代的には人類の誕生から現代までをも含み、対象に無形物を含むようになった。

ウィトルウィウスの建築の三原則である用・強・美の概念を援用して、本章では建築遺産と土木遺産、産業遺産の構造物の相違を明らかにした。さらに世界遺産を評価する際の八つの属性と比較して、世界遺産では美・強・用の順に属性が重視されていることを考察するとともに、用・強・美の要素は、現代でも構造物を評価する際の有効な手がかりになりうることを明らかにした。

注

(1) 伊東孝『日本の近代化遺産——新しい文化財と地域の活性化』(岩波新書)、岩波書店、二〇〇〇年、iページ

(2) 群馬県教育委員会文化財保護課編『群馬県近代化遺産総合調査報告書』群馬県文化財保護協会、一九九二年、八—九ページ

(3) 産業考古学会編「産業考古学会——概要と沿革」産業考古学会、一九八六年、二ページ

(4) *Industrial archaeology: a thematic or a period discipline?* (https://www.cambridge.org/core/journals/antiquity/article/industrial-archaeology-a-thematic-or-a-period-discipline/8862D7D114300037C653CD6EF72798BE)〔二〇二〇年七月四日アクセス〕

(5) "The Nizhny Tagil Charter For The Industrial Heritage" (https://ticcih.org/about/charter/)〔二〇一九年十二月十日アクセス〕

(6) 同ウェブサイト

(7) 同ウェブサイト

(8) "Expert Meeting on the "Global Strategy" and thematic studies for a representative World Heritage List" (https://whc.unesco.org/archive/global94.htm#debut) III Recommendations〔二〇二〇年四月十七日アクセス〕

〔付記〕本章の「はじめに——遺産とは?」、第1節「産業遺産概念——誕生と展開」、第2節「建造物の用・強・美」は、拙著『「近代化遺産」の誕生と展開——新しい文化財保護のために』(岩波書店、二〇二一年)の第1章および第4章から第6章の要所を取り出して加筆したものである。詳細については拙著を参考にしてほしい。なお、本章は、二〇二二年十二月四日に富山国際会議場で開催された「世界遺産登録推進シンポジウム2022 立山砂防防災遺産シンポジウム」の基調講演「防災遺産 立山砂防の価値とその評価」の内容の一部を文章化したものである。

第3章

産業景観
——見捨てられた遺産から地域再開発のベクトルとしての遺産へ：ロレーヌの事例

シモン・エーデルブルッテ［矢後和彦訳］

インターネット検索エンジン「Google」の「画像」カテゴリーで、二〇二二年十月に「産業景観」という用語をフランス語、英語、日本語で検索してみると、管状工場、つまり高炉のような構造物や機械建屋が見える工場の画像で占められていることがわかる。しかし三つの言語にはニュアンスの違いがあり、フランス語版がこのタイプの工場のみであるのに対し、英語版はやや広範な結果（多層階のブロック工場もあれば、労働者の住宅を含む広範な風景も現れる）を示し、日本語版は管状工場、採鉱（ヘッドフレーム）、輸送（鉄道橋）に分かれている。[1]

こうした調査によって、産業景観という用語が呼び起こす支配的な表象を特定することができるようになる。それは一言でいえば「技術景観」ということである。この技術景観という表現は、岡田昌彰[2]が使用した英語のテ、ヽ、ヽ、ヽ、クノスケープという用語から転用されたもので、機械、道具、工業用建物に支配された景観を指し、そのすべてが工業プロセスで使用されるテクノロジーと結び付いている。現在の産業景観の表象で技術が優位を占めているのは、西洋の経済全盛期と二十世紀後半の産業衰退期の産業に関する研究が高度に定量的な（すなわち生産に関連した）アプローチをとっていたこと、そしてこの産業が遺産になりつつある事情に根差している。実際、この

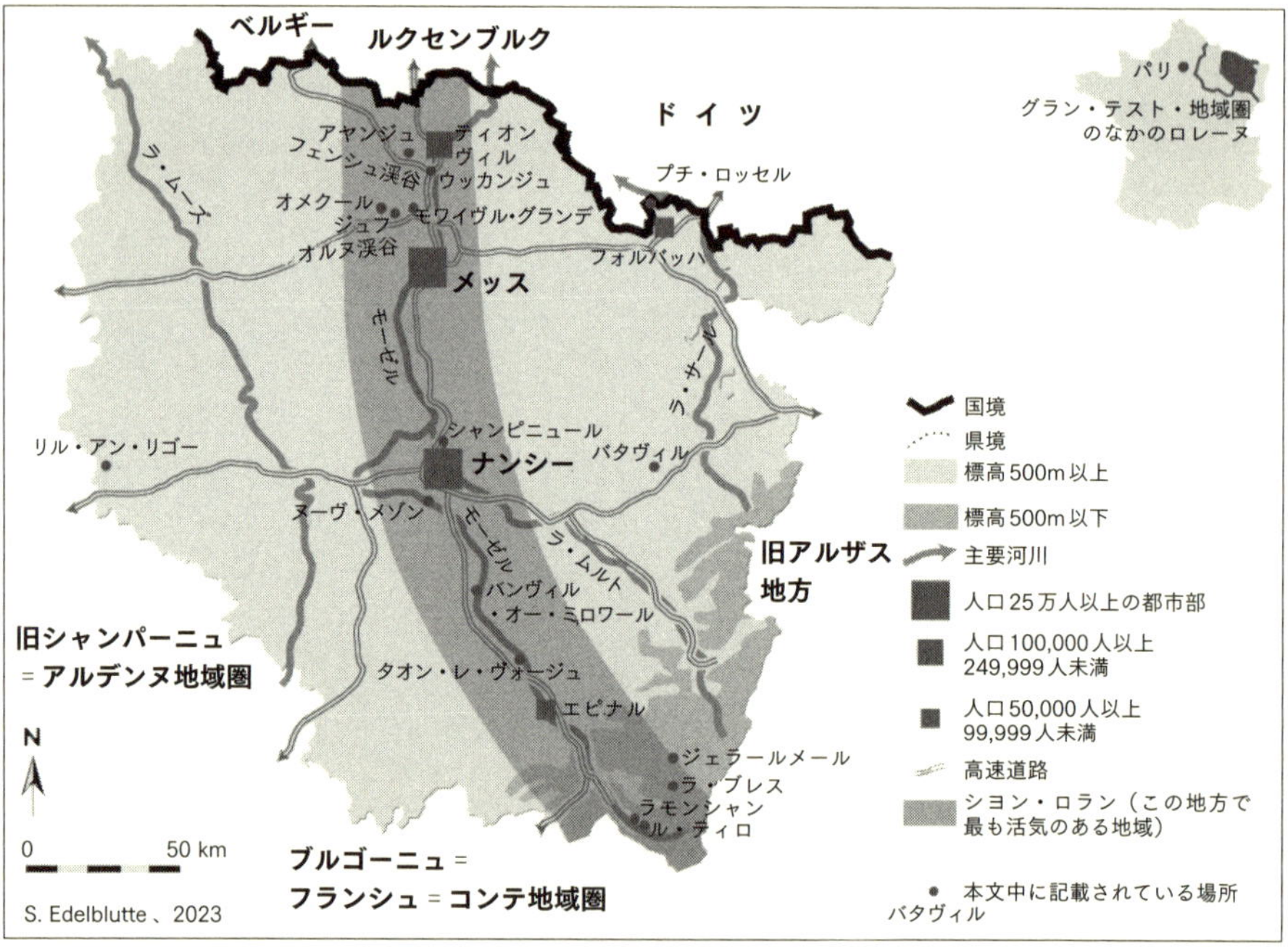

図1　旧ロレーヌ地方の調査地の位置

分野での研究は当初、生産の道具や場所（基本的には工場や工業用地）にばかり集中していて、景観に反映される産業的家父長制のシステム全体には焦点が当てられていなかった[3]。

産業景観は工場や管状工場にとどまるものではなく、単なる技術景観よりもはるかに多様である。技術景観は確かに象徴的ではあるが、過去三世紀にわたる産業活動は産業用地そのものに付随する多くの特徴を生み出しただけでなく、産業文化を軸にした地域のアイデンティティーを構築してきた。この文化は景観に浸透し、景観によって形成されている。景観は文化の所産であり、また原因でもある[4]。

実際、「景観とは、自然、技術、人間の文化が組み合わさった、地球の表面における観察可能な表現である[5]」。したがって、景観は目に見える物質的な要素（自然と人工物）の組み合わせであると同時に、社会的・文化的な構成要素でもあり、個人による認識、より一般的には常に進化する社会による認識である。それは誰にでも見え、私たちが愛着を抱くシンボルなのである。

つまり、産業景観を構成するものだけでなく、長い間、景観としては嫌われ否定さえされてきた産業から受け継いだ景観が、どのようにして遺産になりうるか、また、どのようにして経済的・社会的困難に悩む旧工業化地域の地域再開発のベクトルになりうるかを理解することが重要なのだ。

この問いに答えるため、本章では、二〇一六年の国土地域改革以降にグラン・テスト地方に含まれることになったフランスの旧ロレーヌ地方の事例を取り上げる（図1）。ロレーヌ地方はもはや公式な地方とはいえないが、三つの柱（石炭、鉄鋼、繊維）を中心に築かれた長く深い産業の歴史と、その結果としての産業景観の広さと多様性があり[6]、事例として取り上げるにふさわしい地域である。

1　産業景観とは何か

あるシステムの反映

風景を観察し分析する方法はいくつもあるが、なかでも最も適しているのは現場で見ることである。写真家や映画製作者が事前に風景を切り取り、編集する必要がないからだ。しかし、その場での観察が常に可能であるわけではなく、また理想的であるわけでもない（風景全体を見渡すのに十分な広さの視点を確保するという問題が常に生じる）。そのため写真撮影、特に（飛行機やドローンによる）斜めからの空撮やフィルム撮影が不可欠になる。

図2は、ロレーヌ北部のフェンシュ渓谷とアヤンジュ市にあるド・ヴァンデル鉄鋼会社について、一九六六年に刊行された報告書から抜粋した三枚のスクリーンショットである[7]。この写真は、鉄鋼生産と原材料や半製品の輸送に焦点を当てているが、このフィルムは生産的か非生産的かを問わず風景に映し出された産業システムのほかの要素もあいまいにしていない。全体としてみればこのシステムは、ピーク時には産業活動の三つの本質的な

要素を一つにまとめた景観を構成している。産業景観の主要かつ象徴的な構成要素である生産構成要素（工業用地と、そのなかにある多様な建築様式をもつ工場、すなわちテクノ・ランドスケープ）の周囲には、工業家たちが、工業プロセスの上流と下流の両方で生産に関連する数多くの付属要素（事務所、鉄道、ダム、工場用水路、発電所、スラグヒープ、沈殿池など）を建設してきた。強制され、かつ容認もされた家父長制的な政策の一環として、彼らはまた生産活動には直接関与しないものの、それに関連する二次的な要素も作り出した[8]。労働者住宅団地として知られる労働者の住宅や、数多くの経済サービス（協同組合、工場売店）、社会サービス（シャワーバス、体育館、ホステル、託児所、学校、競技場、村役場、庭園など）である。

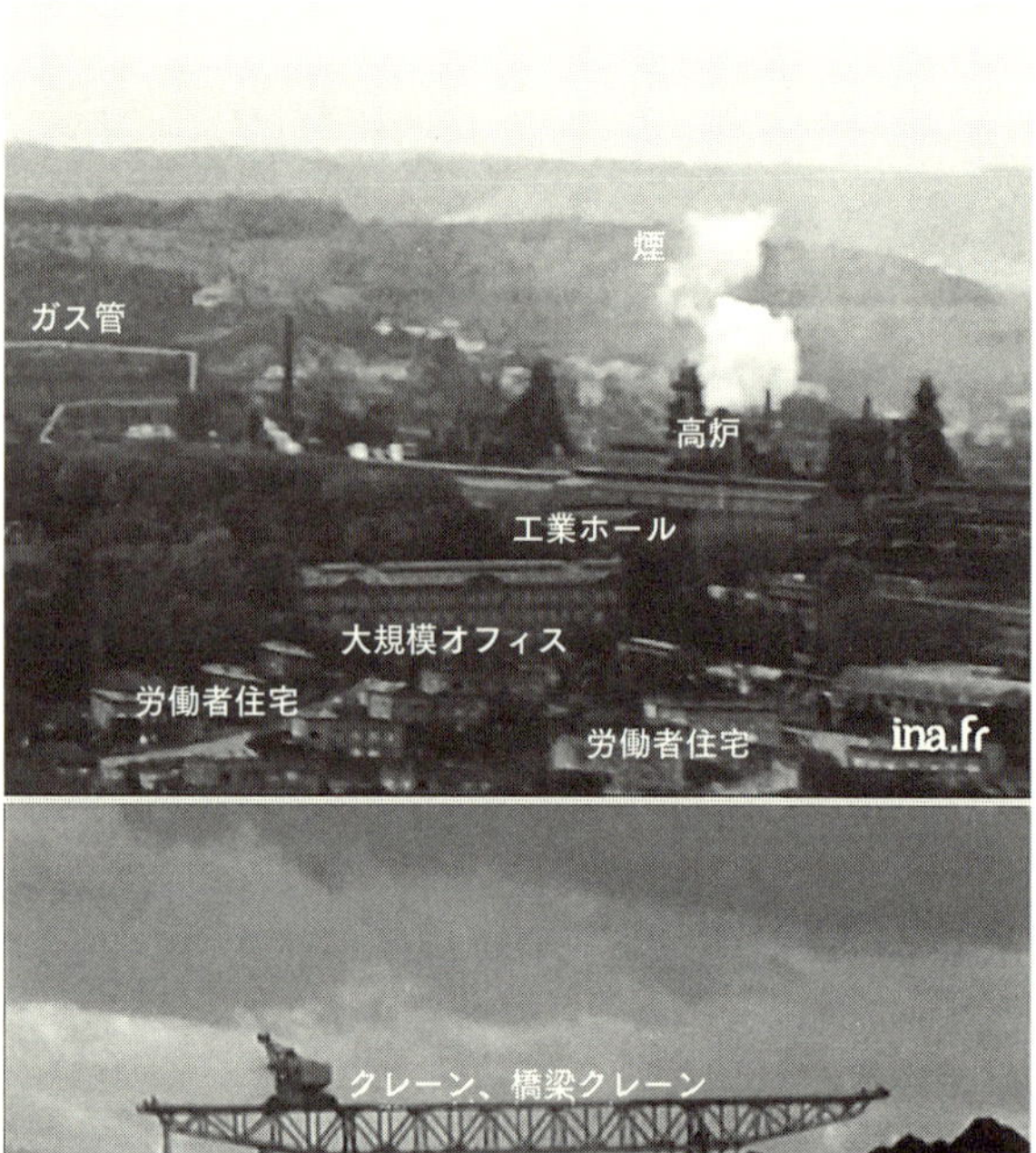

図2　1966年のニュース報道のスクリーンキャプチャからみたフェンシュ渓谷の産業風景

（出典：Transports et paysages industriels dans la vallée de la Fensch - Au fil de l'Alzette (ina.fr), 1966.）
Incrustations：S. Edelblutte, 2023年

したがって、産業景観を形成するのは、これらの構成要素の組み合わせである。それは工業のプロセスや技術だけでなく、社会的・地域的な組織全体、さらには騒音（機械や交通によるもの）や臭い（写真には工業煙がはっきりと写っている）も反映しているのである。

いくつかの特定の景観

家父長制が有力だった時代に特に発展した工場とその生産システム、地域システムの周辺には、象徴的な景観形態（かつての工業化されたすべての国に広く存在し、はっきりと目にすることができるもの）が数多く確認できる（図3）。

図3のいちばん上の写真は、工場都市の景観(9)を示している。以前は完全に農業農村地帯だった環境から、一人の実業家が建設した町であり、アメリカのカンパニータウン(10)やケベックのカンパニータウン(11)に似ている。写真の時点（二〇〇〇年）で親会社の工場は十年以上閉鎖されていたのだが、その組織は景観のなかに特にはっきりと残っている。

一九三〇年代の多層階工場や機能主義的な小屋など、さまざまなタイプの工業用建物が立ち並ぶ工業用地の周辺に、三〇年代当時のチェコスロバキアの靴メーカーだったバタ社が労働者用の住宅団地やサービス施設、店舗などを建設した。世界のいくつかの国（アメリカ、イギリス、ポーランド、スイス、オランダ、カナダなど）で追求され繰り返された家父長制的な政策の結果、こうして作られた地域はバタヴィルと名づけられ、町と工場を結び付ける明確な地名になった。

図3の中央の写真は、産業景観のもう一つの広範な形態である工業郊外を示している。工業郊外とは、十九世紀末以降に工業化以前の町とともに発展した地区を指し、二十世紀末には衰退したが、それでもなお多くの産業遺産を残している。この写真は一九六〇年代に、地域が衰退する以前に撮影されたもので、ナンシーの旧市街の端（運河の左側）にある工場都市を示している。マルヌ＝オ＝ラン運河とムルト川に挟まれたこの地区は、十九

世紀末に数多くの工場が進出して形成された。空き地、水、運河、鉄道線路に引き寄せられた工場はきわめて無秩序な方法で設置され、生産とサービス活動（特に倉庫と貯蔵庫）、住宅、小規模店舗が混在する「ごちゃまぜ」の景観を作り出し、それらすべてが鉄道の側線によって横断されていた。

図3の下の写真は、前記の産業と都市が合体してできた工業渓谷である。この写真は、二〇二三年にオート・モーゼル渓谷沿いのラモンシャンとル・ティヨの自治体で撮影された。この景観は、さまざまな世代の工場と住宅が混在する鮮明な工業的足跡によって特徴づけられている。十九世紀以降、川の動力を利用するため、おもに織物工場が川沿いに設立された。そして、家父長制が生まれると工場の近くに労働者の住宅団地が集まった。これらの集落と古い村落が合体して、渓谷の軸線に沿っていくつかの小さな工場都市からなる工業渓谷が形成され、

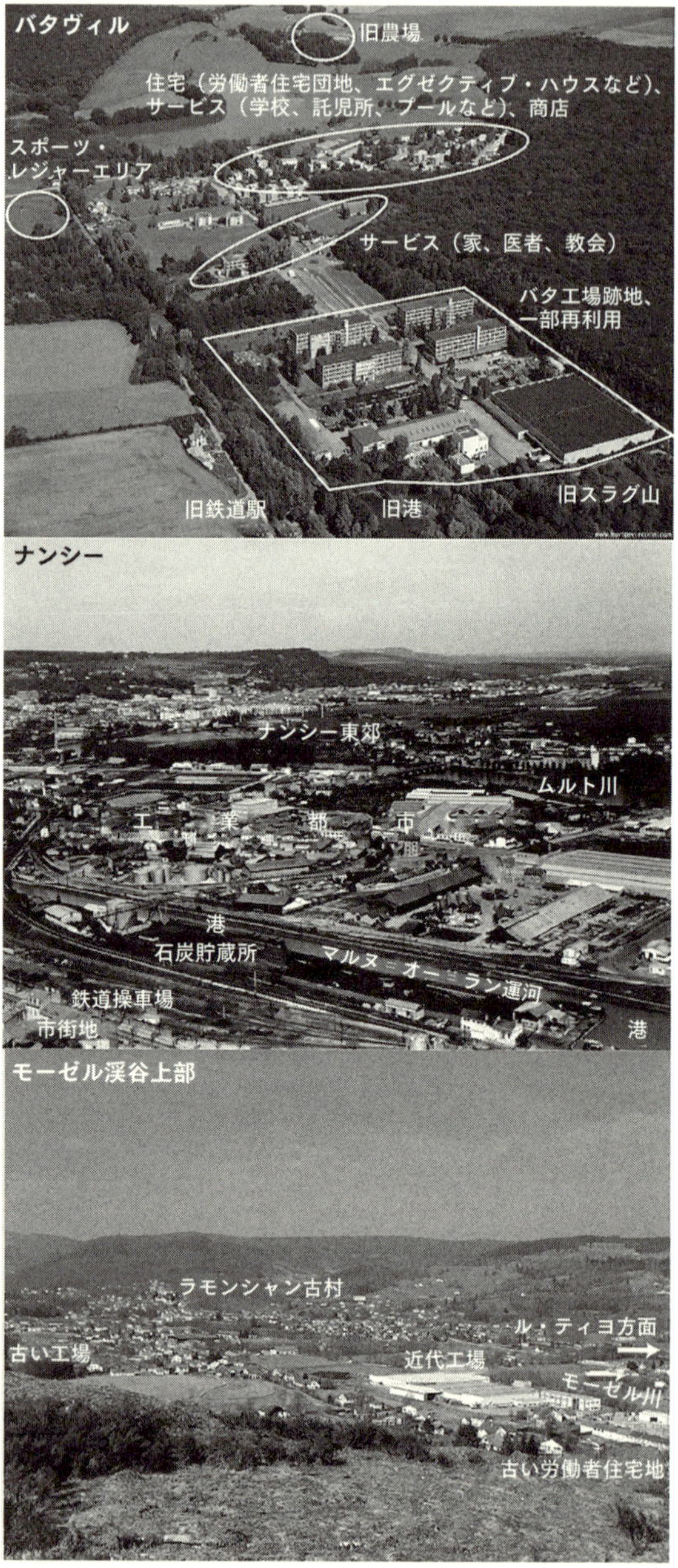

図3　象徴的な産業景観――工場都市、工業郊外、工業渓谷
（出典：www.leuropevueduciel.com et Batalab, 2017〔上〕；ナンシー市アーカイブ、1960年代〔中〕；S. Edelblutte, 2023〔下〕）

図4　ナンシー、大都市近郊のシャンピニュールの産業景観の世代交代と陳腐化
（出典：A. Humbert, C. Renard-Grandmontagne (LOTERR), 2008.）
Incrustations：S. Edelblutte, 2023年

地域の景観に高度な工業的アイデンティティーが与えられたのである。最近では、最初の工業団地の衰退と家父長制の崩壊に並行して、新しい工場が標準化された建物、機能主義的な格納庫の真ん中に建設されたことで、渓谷の景観の工業的特徴が保たれている。

ありふれた産業景観へ

これらの機能主義的な格納庫（すなわち、その機能に適合し、軽量でモジュール化された、安価な建物）は、グローバリゼーションの文脈のなかで強化された産業の風景が世界中に拡散することによってありふれたものになっていく過程を示している。産業はもはや、第一次産業革命のころのような少数の国々やそのなかの特定の地域特有のものではなくなっているのだ。例えば二十世紀の最後の四半世紀以降、産業は家父長制的でなくなっただけでなく（そのため例えば労働者のための住宅団地を建設することもなくなった）、ほかの活動と交換可能な建物で操業するようになり（図4）、このことから産業のイメージがあいまいになっている。また、こうした機能主義的な格納庫は「靴箱」と蔑称されることもある。

ナンシー北郊外のシャンピニュールでは、住宅団地が密

集する市街地のなかにムルト渓谷の風景があり（写真上）、工業的な性格が強い。古い工場（一八九七年に建設され、現在も操業しているビール製造所）は、その筒状の外観と建屋によって簡単に見つけることができる。一方、その拡張工事は、高速道路、川、鉄道の間に建設された新しい工場と同様に、工業ゾーンと商業ゾーンの両方にある商業、物流、サービス施設に溶け込んでいる。

産業景観の具体的な姿には、稼働しているか否かにかかわらず、また工場に限定されることもなく、生産的なもの（鉄道、運河など）や非生産的なもの（住宅、サービスなど）の付属施設も含まれる。しかし、先に紹介した象徴的な産業景観の例に目を奪われて、より拡散的な産業景観（農村部に分散した在来産業や小規模産業）や、より目立たない産業景観（古い密集した都市構造に組み込まれた労働者の村落、作業場、小規模工場）など、ほかの多くの形態の産業景観が存在するという事実を忘れてはならない。物理的な外見だけでなく、これらの景観はすべて、多様で対照的、さらには相反する認識を受けてきたのである。

2 魅惑、拒絶、再発見

「絵はがき」のような産業風景

産業革命の時代（十八世紀末から二十世紀初頭まで）には、産業は、そしてそれ以上に産業景観は概して肯定的な認識を享受していた。産業は近代化と進歩の象徴と見なされ、労働者の非常に困難な労働条件や生活条件が知られていたとしても、同時代の人々にとってはある種の魅力をもっていた。

工場、列車、鉱山のスラブなどが絵画に描かれ、より一般的な大衆向けには、産業とその風景は絵はがきに描かれた。そこには、工場、労働者の住宅地、港、鉄道の線路などがはっきりと写し取られていた。産業施設はまた、会社のレターヘッドにも拡大して（現実よりも大きなサイズで、建築物は実際よりも綿密に）表現されていた。どちらの場合でも、生産的な部分から非生産的な付属施設に至るまで、一般に家父長制的なシステム全体が表現されている。それはまた、こうした産業景観に対する真の魅力をも映し出している。

産業景観の拒絶

　しかし、このような産業全般に対する好意的なイメージは二十世紀の間に悪化していった。産業が課す制約（激しい労働争議につながる厳しい労働条件）や、産業が引き起こす公害（特に水路や大気に対するさまざまな形態の汚染）が認識されるようになったからである。これらのすべては同時代の多くの人々によって糾弾され、多くの訴訟にもつながった。さらに、数量的アプローチがすべての人文科学を支配している現在、産業景観は、可能性がある遺産との関係ではなく、むしろ生産性至上主義の結果（この点が最もしばしば非難される）として示されている。早くも一九五〇年代[12]には、栄光の三十年と呼ばれた高度成長期を通じて産業景観について言及する著者もいたが、産業景観はしばしば「単に絵画的であったり、慣習的に絵画的であったりする景観の概念とは対照的に、否定的な観点から」[13]捉えられたのである。

　このような産業に対する否定的な見方は、二十世紀後半の産業危機と産業衰退によってさらに強まった。産業衰退の結果、産業廃棄物が増えて景観に永続的かつ否定的な痕跡が残された。産業廃棄物処理地とは、「かつて産業によって占有され、現在は使用されなくなった結果、つまり産業活動が全面的または部分的に放棄された結果、悪化の一途をたどっている建築物または未建築物の空間、土地、敷地」[14]である。したがって、産業廃棄物処理地には、産業廃墟（かつての生産用建物や未使用で劣化した付属施設）だけでなく、取り壊されて緑化はされたものの再利用するには劣化しすぎている（土壌や下層土が汚染され、乱雑になっている）未建築物も含まれる。

　これは特に工業用地そのものに顕著だが、工場都市や工業渓谷のような大きな地域でも同様である。そこではいわゆる裸の荒れ地、つまり破壊の結果生じた荒れ地が未開発のまま植林され、既成市街地を埋め尽くしている。

実際、これらの土地の大半はまだ汚染されていて、その地下は完全に再利用するには未整理のままである。その結果、これら緑の空間は、地域の都市景観のなかに凍結されているのである。

工場の放棄や放置は農村部やアクセスが悪い地域でよくみられるが、急速な破壊が支配的に進行しているのは都市部であり、そこでは土地に対する圧力や、いわゆる「喪に服す」段階が最も大きくなる。二十世紀最後の四半世紀にしばしば大規模におこなわれた工場閉鎖の影響を受けた社会は、社会学者が(15)「喪の段階」と呼ぶ段階に入る。この段階では、その地域のさまざまな関係者(かつての工業経営者、地域住民、選挙で選ばれた代表者など)は、歴史のページをめくり、前に進む。言い換えれば、当時は社会経済的失敗と同義だった産業の喪失を嘆き悲しむことを望むのだ。彼らはもはや景観のなかに産業の痕跡を見ようと望むことはない。地域の視点からみれば(16)産業景観はその創造者を失ったまま、多くの破壊がもたらされるという結果につながる。そして都市構造は、かつての労働者の住宅団地の真ん中にある緑の空洞や、かつてはこの地域の産業企業が担っていたサービスや道路の劣化によって特徴づけられる。こうしてこの地域のイメージはさらに悪化し、産業景観はさらなる非難の的になってしまうのだ。

文化的なカムバック

しかし、産業活動が破壊されたり、ありきたりのものになったりして景観から消え去ると、喪に服す段階は薄れ、産業活動に対する認識は前向きに変化する。産業は脅かされ、希少になり、目立たなくなり、栄光と悔恨の過去の要素として再び関心を呼び起こし、人々を魅了さえするようになる。さらに、環境、社会、地域を考慮することなく工業用地そのものに対して急いでおこなわれた多くの破壊と、とりわけ最初の再建が失敗したことを考えると、産業は単なる物質的なものではなく、文化的な側面ももっていることが理解されるようになる。(17)したがって、景観や社会が時代遅れの産業的性格を手放して、当該地域が自然発生的に再開発されるようになるためには、工場を撤去するだけでは不十分なのである。時がたつにつれ、産業とそれが作り出した景観は、こうして地域のアイデンティティーの一部になる。実際、産業家父長制は、数世代にわたる労働者の社会的再生産によって奨励された相対的な閉鎖性と仲間内の関係を意味していた。その結果、産業や鉱山労働と密接に結び付いた特定の文化やアイデンティティーをもつ、非常に強固な共同体が形成された。これらの共同体は常に雇い主に対する承認と怨嗟の間で揺れ動いていた。雇い主は、仕事、住居、サービスを提供する実業家であると同時に、自治体の首長として経済的、社会的、そして非常に多くの場合は政治的な生活を支配していたからである。[18]

このような産業、特に産業景観の文化的側面は、二十世紀末のヨーロッパの大衆文化に反映されている。ピーター・カッタネオ監督による映画『フル・モンティ』（一九九七年）は、元金属工がストリップに挑戦するストーリーだが、ここでは工業地帯と朽ち果てた工場の町が映画の不可欠なピースになっている。一九八五年のバルによる『ミシュヴィルのプール』のような、鉄鋼工場の町での十代を描いたマンガ、工業的な美的感覚をもつCD（一九八四年に製作されたビッグ・カントリーの *Steeltown*、デペシュ・モードの *Some Great Reward*）、産業音を歌にしたもの（一九八〇年のOrchestral Manœuvres in the Darkの同名の曲のイントロをなすイギリスのスタンロー製油所の騒音）、二〇一八年にゴンクール賞を受賞したニコラ・マチューの小説『獣たちに戦争を』（二〇一四年）はヴォージュ渓谷のかつての織物生産地が舞台であり、同じ作者の『彼らに続く子どもたち』（二〇一八年）は「エンヌ」から「エランジュ」へと連なる危機的状況にある鉄鋼生産地の渓谷が舞台で、フェンシュとアヤンジュのことをほのめかしている。このような関心、さらに魅惑は、産業遺産を保護し遺産化しようという願望にもつながってくる。

3 伝統、遺産、地域再開発
――景観の重要な役割

伝統、遺産と景観

景観の利用は、産業に関わる長期的なアプローチに特に適している。現在の産業活動と、家父長制的な時代に特徴づけられる過去の産業活動の遺産とを結び付けることができるからだ。工場だけでなく、かつての産業家父長制のシステム全体を考慮に入れることができる景観の利用は、遺産として利用される伝統の選択について考えることも可能にする。実際、ラヘル・リノシエらの共著[19]が説明するように「すべての遺産[20]」の罠にはまり、過去に由来するものはすべて遺産であると自動的に考えてしまうことを避けるために、伝統と遺産を区別することがますます必要になってきている。遺産の定義を広げようとする動きによって、これまであまり検討されてこなかった新しい分野（産業や景観など）が考慮されるようになった一方で、博物館化の危険性もあり、過去からきたものから必要な要素を選ぶことができなくなっている。社会は進化しつづけなければならず、そのために、過去に由来するものを遺産と見なし、そこから、保護・強化され、ラベル付けされて、つまり公式に認識される価値があるものを遺産として選択しなければならないのである。しかし、この伝統と遺産の区別は、地理学、社会学、都市計画、地域開発など全体として確実に運用され、ますます使用されるようになってはいるものの、欠陥がないわけではなく多くの問いを促している。例えば工業用の素材にしばしばみられるように、ラベル付けされたり公式に認められたりすることはなくとも、なんらかの方法で強化された（したがって保存された）伝統をどのように特定することができるのだろうか、という問いである。

産業遺産の概念の拡張

今日、遺産をテーマにした産業へのランドスケープ・アプローチはますます利用され、文書化されるようになっている。(21) これは、建物、地区、町、あるいは景観を経由して、有形物から無形物へと遺産の概念が広がっていることを表している。(22) 産業遺産も若干の遅れはあるものの、このプロセスに沿って進んでいる。実際、産業遺産運動が始まった当初は、破壊の嵐が吹き荒れるなか、アリバイづくりの遺産指定(23)が頻繁におこなわれていた。つまり都市開発プロジェクトのさなかで一部の利害関係者は、遺産保護の擁護者を前にして良心の呵責を和らげるために、近代的な開発のど真ん中で演出される一部のわかりやすい要素（商店街の真ん中でアンテナを支えるレンガ造りの煙突、ロータリーに飾り立てられた鉱山の馬車など）の保存にだけ同意したのである。

図5　産業遺産のジオシンボル：景観の代表例
（出典：L. Del Biondo, 2012〔上〕; S. Edelblutte, 2013〔中〕; LOTERR, 2019〔下〕）

次いで、第2節で述べたような進展の結果、私たちは、一回限りかもしれないが、その地域の景観を象徴するような壮大で象徴的な要素に関心をもつようになった。したがって、これらの伝統は遺産としての地位を与えられ、公式に名づけられて認められ、地域のアイデンティティーの象徴として宣伝される。ジオシンボル、テリトリー・トーテム、ランドマークという言葉が使われることもある。図5は、ロレーヌ地方で最も工業化が進んだ三つの地域の、象徴的で地元でもよく知られた例をいくつか示している。すなわち北東部の旧炭鉱地帯（下：プティット・ロッセルの採掘場跡）、中央部と北部の旧鉄鋼地帯（上：ユカンジュの旧U4高炉、産業記念碑）、南部のヴォージュ繊維地帯（中：タオン・レ・ヴォージュの旧労働者厚生住宅）である。これら三つのケースでは、象徴的な建造物に公的な遺産名称（「歴史的建造物」としての登録または分類）が与えられ、その後修復され、文化活動の導入とともに一般公開されている。

これらの産業遺産は、単に記念碑的な役割を果たすだけでなく、地域の再開発の引き金になるようなアクションを起こすための「てこ」にならなければならない[24]。したがって、それらは地域発展のための都市のエンジン[25]として機能するだろう。しかし、これらは景観の紛れもない特徴を示し地域的な役割を果たす一方で、結局は孤立したままであるため、産業景観全体を保護し向上させるまでには至っていないといえるだろう。

産業景観と地域再開発

二十世紀と二十一世紀の岐路にあって、産業景観全体が考慮されはじめていることは、UNESCOの世界遺産リストにいくつもの産業景観が登録されていることからもわかる。例えば、ブレナヴォンの産業景観（イギリス、二〇〇〇年登録）、ノール＝パ・ド・カレー炭田（フランス、二〇一二年登録）、フレイベントスの産業景観（ウルグアイ、二〇一五年登録）、ウェールズ北西部の粘板岩の景観（イギリス、二〇二一年登録）、ロシャ・モンタナの鉱山景観（ルーマニア、二〇二一年登録）などがそうである。ここでの目的は、産業や鉱業景観の雰囲気を保存するために、広域にわたって遺跡のネットワークをつくることである。UNESCOはこれを「生きた進化する文化的景観」と呼び、「現代社会で積極的な社会的役割を保ち、伝統的な生活様式と密接に関連し、進化のプロセスが続いている景観」[26]と定義している。前述のジオシンボルと同様に、この認知度を利用して地域のイメージを向上させ、新しい活動や新しい住民にとって魅力的な地域とし、最終的にはこの地域の産業史を否定することなく地域再開発を実現することが目的なのである。

しかし、これらの例が有効なのは壮大な要素や有名なジオシンボルをもつ、例外的な産業遺産や鉱業遺産に対してだけである。壮大な要素と同様に産業景観の一部である、より控えめで、ありふれた、日常的な産業遺産（孤立して散在する労働者の住宅団地、小規模な工場、小規模なサービス・商業用建物、小規模な製粉用水路など）を必ずしも遺産の一部にすることなく（それは面倒な手続きを必要とするからである）、価値を与えるにはどうすればいいのだろうか。遺産としての地位を与えなくてもこれらの遺産が地域の発展に貢献できるようにするには、どうすればいいのだろうか。

ラ・ブレスの事例は、これらの疑問に対する答えの可能性を示している。ラ・ブレスでは、二〇一八年に織物トレイルが作られ、標識付きのルートと説明パネルを使って継承された（したがって遺産扱いされていない）地元の織物産業の歴史の要素（古い工場、労働者の住宅地、工場用水路など）と、現在も活動している織物の要素（現在の工場）を結び付けている。この仕組みによって、受け継がれ、現在も活動している地域の産業景観を解釈し、理解することが可能になっている。ここでの目的は、何千人もの観光客を誘致することではなく、地域の産業アイデンティティーを強化し、地元の人々に地域に対する誇りと自信を取り戻させて、それによって地域をより魅力的なものにすることである。したがって、受け継がれ強化された産業景観は、実際に遺産化されなくても地域再開発の一翼を担っているのである。

結論

筆者がこの研究を始めた動機は産業、そして産業景観が遺産の分野に登場するのが遅かったことだった。しかし、二十世紀末以降、第2節で述べたような過去へのノスタルジアに後押しされ、また最近では西ヨーロッパ諸国が打ち出している再工業化政策に後押しされて、産業遺産の取り組みが盛んになってきた。そのなかには目を見張るような、また地域に根差した産業アイデンティティーに基づく成果もあるが、過去数十年の間はまったく無視され、軽蔑さえされてきたのである。この根深い感情は、二十世紀末にようやく研究されるようになったものの、はるか昔にさかのぼる。「栄光の三十年」の高度成長期の末期に、産業界のイメージが（まだ操業していたとはいえ）非常に否定的だったころのある報道をみればそのことがわかる。一九七一年十一月二十九日に放送された報道番組 *La France défigurée*(27) では、産業景観について直接言及する場面がある。そのジャーナリストは、オー＝ド＝フランス地域圏のドナンにあるユジノール製鉄所のすぐ隣にある老朽化した労働者用住宅地を出て、工場から離れたより新しく快適な労働者用住宅地に移ることを拒否している女性にインタビューをしていた。ジャーナリストは、地元の景観を強調しながら彼女にその理由を尋ねる。二人の会話を以下に書き起こしてみよう。

ジャーナリスト：ここに長く住んでいますか？
女性：三十八年間です。
ジャーナリスト：もっと遠くで暮らしたいと思わないんですか？
女性：工場住宅にいると、離れたくなくなるんですよ。
ジャーナリスト：しかし、もっと遠くに工場住宅があります。街から離れたところに住宅団地を作ったんですよ。
女性：……遠いわね……。結婚したときからここに住んでいるから、離れたくないのよ。
ジャーナリスト：工場そのものは、美しいと感じる風景なんですか?、それとも美しくない風景なんですか?
女性：もう慣れたのよ！　私たちのすみかなんだから！
ジャーナリスト：でも、こんな場所が好きなんですか?　田舎《いなか》を見たくないんですか?
女性：バカンスにでも出かければね！　それでもいつもこの家に戻ってくるのよ。

このように工業地帯の風景は、二人の話し手によって正反対の捉え方をされている。女性は「ここは自分のすみか」であり、自分の家であり、そのため自分のアイデンティティーの一部であるこの風景に愛着をもっていると説明する。これに対してジャーナリストは、自分の考えとは異なる女性のコメントに対抗するため、このインタビューを、好意的に紹介されて引っ越しに同意した団地住民のインタビューと、廃墟と化して荒れ果てた労働者階級の団地の映像の間に挿入した。

このルポルタージュ番組は、当時の産業景観に対する非常に否定的な認識と、当時はまったく無視されていたアイデンティティーと結び付いた、より肯定的な地域的表象の両方を示している。このことは、この活動が地元社会で文化的に重要な位置を占めていたこと、つまり喪に服していた時期には断固として否定されていた重要性を理解するのに役立つ。結局、この女性の反応は、約三十年後に、これらの産業景観が強力な遺産的要素を含む地域再開発イニシアチブによって考慮されるようになることを先取りしていたのだった。

注

（1）本章は産業景観について扱うが、鉱業についても、たとえその中心が工場ではなく（ヘッドフレームがある）坑道だったとしても、似たようなシステムであり景観である。

（2）Masaaki Okada, “Local evaluation of technoscapes: a case study of three industrial cities in Japan,” *ICON: Journal of the International Committee for the History of Technology*, 2005.

（3）Simon Edelblutte, *Paysages et territoires de l'industrie en Europe: Héritages et renouveaux*, Ellipses, 2010, p. 272.

（4）Augustin Berque, *Les raisons du Paysage, de la Chine antique aux environnements de synthèse*, Hazan, 1995, p. 190.

（5）Jean-Robert Pitte, *Histoire du paysage français, de la préhistoire à nos jours*, Tallandier, 1983.

（6）本文で紹介する例は、すべて図1に示したものである。

（7）映像と解説はこのリンクで閲覧することができる。“Transports et paysages industriels dans la vallée de la Fensch,”“Au fil de lHeritage, Historical Culture and Identity in Regions Undergoing Structural Economic TransformationHeritage, Historical Culture and Identity in Regions Undergoing Structural Economic Transformation'Alzette (ina.fr)”（https://fresques.ina.fr/esch-sur-alzette/fiche-media/ESCH0000098/transports-et-paysages-industriels-dans-la-vallee-de-la-fensch.html）［二〇二四年十二月二十四日アクセス］

（8）家父長制という言葉は、長らく実業家が労働者をコントロールする方法として特に込み入ったニュアンスもなく提示されてきたが、少なくとも当初は実業家にとって必要でコストがかかる措置だった。実際、工場を維持するために、日常的にあまり移動せず有能な労働力を確保しようと思えば、住宅や日々の経済的・社会的サービスを提供しなければならなかった。労働力の事実上の支配を可能にするこのやり方は、イデオロギー的および／または宗教的配慮（例えば社会カトリシスム）にも基づいていた。

（9）Simon Edelblutte, “Ville-usine, ville industrielle, ville d'entreprise...Introduction à des approches croisées du fait industrialo-urbain,” *Revue Géographique de l'Est*, 58(3-4), OpenEdition Journals, 2018.

（10）John Garner, *The Company Town: Architecture and Society in the Early Industrial Age*, Oxford University Press, 1992, p. 256.

（11）Lucie K. Morisset, “Les « villes de compagnie » du Canada. Un patrimoine urbain pour le vivre ensemble de notre siècle?,” *Entreprises et histoire*, 87, Editions ESKA, 2017, pp. 39-50.

（12）W.G. Hoskins, *The Making of The English Landscape*, Leicester, Hodder and Stoughton,［1955］1990, p. 240.

（13）Franco Borsi, “Le paysage de l'industrie,” in Coll., *Le paysage de l'industrie. Région du Nord – Wallonie – Ruhr*, Éditions des archives d'architecture moderne a.s.b.l., 1975, p. 7.

(14) Claude Cabanne dir, *Lexique de géographie humaine et économique,* 2ème édition, Dalloz, 1992, p. 449.

(15) Michel Grossetti, Christophe Beslay, Michel Daynac, Régis Guillaume, Denis Salles et François Tautelle, *La Construction des Politiques Locales: Reconversions industrielles et systèmes locaux d'action publique*, L'Harmattan, 1998, p. 224.

(16) Simon Edelblutte, "Reconversion industrielle ou redéveloppement territorial? L'exemple de Thaon-les-Vosges, ancienne ville-usine textile lorraine,""Géoconfluences," 2014. (http://geoconfluences.ens-lyon.fr/informations-scientifiques/dossiers-regionaux/la-france-des-territoires-en-mutation/articles-scientifiques/reconversion-industrielle-ou-redeveloppement-territorial-lexemple-de-thaon-les-vosges-ancienne-ville-usine-textile-lorraine) [二〇一四年十一月二十四日アクセス]

(17) Sylvie Daviet, *Industrie, culture, territoire*, L'Harmattan, 2005, p. 208.

(18) Simon Edelblutte, "Paternalisme et territoires politiques dans la France de la seconde révolution industrielle: Un regard rétrospectif sur les liens entre firmes et territoires communaux,""Revue Géographique de l'Est,"[En ligne], 50(3-4), 2010. (http://rge.revues.org/3043) [二〇一四年十一月二十四日アクセス]

(19) Rachel Linossier, Sarah Russeil, Roelof Verhage and Marcus Zepf, "Effacer, conserver, transformer, valoriser: Le renouvellement urbain face à la patrimonialisation," *Les Annales de la Recherche Urbaine*, 97, PUCA, 2004, pp. 23-26.

(20) Régis Neyret, "Du monument isolé au tout-patrimoine," *Géocarrefour*, 79(3), 2004, pp. 231-238.

(21) Dorel-Ferré Gracia dir, *Patrimoines de l'industrie agroalimentaire: Paysages, usages, images,*, Reims, Centre de Recherche et de Documentation Pédagogique de la Marne (CRDP 51), 2011, p. 204, Pierre Fluck, "Héritage industriel et systèmes paysagers," *Ethnologies*, 42(1-2), 2000, Érudit, pp. 129-145(erudit.org).

(22) Vincent Veschambre, "Le patrimoine, de la pierre au paysage," in Fournier J.-M. and Raoulx B. eds., *Environnement, aménagement, société en Basse-Normandie*, Les Documents de la Maison de Recherche en Sciences Humaines de Caen, 6, 1998, pp. 55-76.

(23) Denis Woronoff, "Quel bilan pour une nouvelle discipline ?," *Historiens et Géographes*, n° 398, Association des professeurs d'histoire et de géographie de l'enseignement public, 2007, pp. 132-136, Vincent Veschambre,*Traces et mémoires urbaines: Enjeux sociaux de la patrimonialisation et de la démolition*, Presses Universitaires de Rennes, 2008, p. 315.

(24) Sylvie Daviet, "L'évolution du concept de reconversion: de la substitution des activités au redéveloppement des territoires," in Xavier Daumalin, Sylvie Daviet et Philippe Mioche eds., *Territoires européens du charbon, des origines aux reconversions*, Aix-en-Provence, Publications de l'Université de Provence, 2006, pp. 243-255.

(25) Lucas Del Biondo et Simon Edelblutte, "Le paysage des anciennes villes-usines européennes: un nouveau patrimoine entre négation, alibi, reconnaissance et complexité des jeux d'acteurs," *Annales de Géographie*, 711, Armand Collin, 2006, pp. 466-489.

(26) "Comité intergouvernemental pour la protection du patrimoine mondial, culturel et naturel, de l'Organisation des Nations-Unies pour l'Éducation la Science et la culture," UNESCO, 2008, p. 89, *Orientations devant guider la mise en œuvre de la Convention du patrimoine mondial*, Centre du patrimoine mondial, 2008, p. 180.

(27) このレポートは以下で閲覧できる。"Mémoires de mines - Les anciens corons de Denain et Escaudain (ina.fr)" (https://fresques.ina.fr/memoires-de-mines/fiche-media/Mineur00099/les-anciens-corons-de-denain-et-escaudain.html)［二〇二四年十二月二十四日アクセス］

第2部

地域の経済・社会活性化と産業遺産

第4章

産業遺産とエコロジー的な移行プロセス

ジャン＝フランソワ・カロン［矢後和彦訳］

こんにちは。ジャン＝フランソワ・カロンと申します。フランス北部にある人口七千人の鉱山の町ロース＝アン＝ゴヘル市の市長を務めています。ノール＝パ・ド・カレー地域評議会でも、副議長の重責を担っていました。そして現在、フランスの全国レベルで展開している「移行の工房」の責任者でもあります。「移行の工房」は、私たちが必要としている移行を加速させるためにネットワーク化された、三百五十の組織からなるグループです。

今日はみなさんと講演会場でご一緒できないので、この短いビデオを使って、特に文化遺産の分野で「移行」という観点から重要だと思われることをお伝えします。ロース＝アン＝ゴヘルの歴史、九つの坑道、七つのボタ山（鉱山から出る廃棄物の山）のことです。

1　搾取された土地から世界遺産へ

私が市長の職に就いたとき、広がっていたのは搾取された土地でした。鉱山労働者は珪肺症や鉱山の坑底での事故によって五十歳前後で死亡していて、彼らの平均寿命は非常に短かったのです。風景は破壊され、公害は大気や水の質をむしばんでいました。二十二万人の鉱夫の雇用を支えていた経済のモデルは失われ、鉱山地帯の全体におびただしい失業と貧困が広がっていました。さらに悪いことには、住民は格下げされたと思い、二十一世紀の一員であることを感じられていませんでした。彼らは勇気をもて、努力して複数の言語を学べ、そして機敏であれといわれるだけでした。ですから、私がロース゠アン゠ゴヘルのために開発した戦略は、まず何よりも私たちが何者であるかについての文化的な取り組みを始めることでした。

私たちは将来についての計画など持ち合わせていませんでしたが、歴史をもっていました。それは集団の記憶、価値観、シンプルさ、祝福の感覚、アクターたちの間の連帯感、仕事をするうえでの勇気でした。この歴史が、私たちの基盤をなして、私たちを作り上げて、私たちに武器を与えてくれるのです。

もちろん、この歴史のなかには困難なこともありましたが、事業の基礎になるものもありました。そのため私たちは、市の新しいビジョンを描く前から、この課題に取り組み始めたのです。ポーランドから来た住民もいれば、北アフリカから来た住民もいました。私たちのところには二十九カ国の国籍の人たちが働きにきているのです。その事実は、私たちがどのような文化を分かち合ってきたのかを考えさせてくれました。私たちは二世紀にわたる労働組合の闘い、労働者の闘い、偉大な集団的祝典を経験してきました。そのなかで自信と自尊心を取り戻すことに思い至りました。

その数年後、この仕事の一つの到達点として、私はこの炭田をUNESCO世界遺産に申請しました。そして二〇一二年に世界遺産に登録され、世界で初めて世界遺産に登録された炭田地帯になったのです。それまでもモニュメントはありましたが、炭鉱地域全体が世界遺産になったことはありませんでした。

こうしてこの地域の人々の自尊心を回復させ、誇りをもって顔を上げることができる可能性が生まれました。そのためには、自尊心が、そして自信が必要です。私たちは、土地利用計画を見直すことから始めて、この企画に都市計画の観点から接近しました。私たちは「市のプロジェクト」と呼んでいた計画に取り組んだのです。街区ごとに、農家や商店主、若者たちとともに、私たちの市をどのように分析し、どのようなビジョンを伝えたいと考えているのかを明確にしようとしたのです。いきなり魔法のビジョンを思いついたわけではありません。

その一方で、私たちは対処すべき弱点を見いだしました。例えば、水の質はまったくひどいものでした。そこで私たちは、雨水を再利用し、地下水への補給を改善するために、市内全域から水を集め始めました。また昔は石炭がタダだったので、エネルギーの効率が悪い住宅がありました。しかし石炭が有料になったので、私たちは環境に配慮した住宅の建設やリノベーションに膨大な力を注ぎました。その結果、現在では人口の約一〇パーセントがエネルギーをほとんど消費しない住宅に住んでいます。貧しい人々にとっては安上がりで、大助かりです。私たちは十五キロにわたる緑の回廊を建設し、農薬を禁止して、鳥や蝶や自然が街に戻ってくるようにしました。私たちは農家と協力し、農業をより地元に根差したオーガニック・モデルへと転換させる取り組みを始めました。

そして一年後、一年半後には、市内の農地の約四〇パーセントが、この新しい、より環境に優しいモデルによって生まれ変わりました。私たちはソーラー計画を立ち上げ、ソーラーパネルの数を増やしました。フランスで初めて教会全体をソーラーコレクターで覆い、百二十世帯の住民が貯蓄を自治体との経済提携に回しました。

今日、私たちはすべてのスポーツホール、すべての文化ホールの屋上をソーラーパネルで覆い、住民の屋根を修理しはじめています。再生可能エネルギーを生産しているだけでなく、フランスの太陽エネルギー活用の最先端を走っているのです。これらは成果のほんの一例です。まだまだたくさんありますが、これ以上ここで紹介する時間はありません。

この結果、大変興味深いことに私たちは住民とともに環境対策を進めていく自治体として、フランス環境庁の、すなわちフランス政府の全国的なモデルになったのです。というのも、私たちのプロセスはすべて、関係者を明確にし、何度も事業に関わる会議を重ねて一緒に作り上げていくものだからです。

地元の住民はすべてのプロジェクト、すべての移行プロジェクトに参加しています。それが、私たちにとって最も重要な要素、すなわちイノベーションを推進していく力になるのです。イノベーションとは成功した不服従です。つまり、間違いを犯す権利を受け入れ、決められたやり方から脱却する必要があることを関係者一同が受け入れる取り組みが前提になるのです。最初のイノベーションは困難ですが、徐々に、イノベーションの文化が定着していきます。私たちはまた、移行が起こるのは欲求に基づくときだということを理解しました。したがって、道徳や制約の角度から対処するのではなく、私たちの社会の移行をどのように望ましいものにしたいかという欲求から考えるようにしました。

2　移行のプロセス
——文化的アプローチ

この二十五年間を振り返って、私たちはロース＝アン＝ゴヘルの経験がインスピレーションの源になりうるようなソースコード、DNAを見いだしました。私たちは、移行期にあるほかの町と協力したことで、最終的に、移行期の課題は二つの大きな問題を提起するという考えにたどり着きました。

一つ目は、開発についての考え方をどう変えるか、ということです。私たちはモデルの移行に自らを重ね合わせてみなければなりません。文化的なアプローチをとらないかぎり、移行はありえません。テクノロジーは必要ですが、それは主要な問題ではないのです。より冷静なモデル、つまり、物質的な財や所有物の蓄積よりも、人と人とのつながりを優先するモデルの考え方が重要なのです。これは真の幸福にとってより重要なことであり、人間的要素がつぶされてしまったモデルから抜け出てきた私たちにとって、健康や技能養成の問題はより戦略的なものだといえます。ですから、私たちが新たに想像力をたくましくしてどのようにして取り組むかという問題が重要なのです。そしてもちろん、その中心にあるのは文化です。

そして二つ目のポイントは、私たちが新しい開発ビジョンをもっていることを認めようということです。そのためには古いモデルを新しいモデルと取り換えなければなりません。もちろんそれは、変化に対するさまざまな抵抗に直面することになるでしょう。ここで詳しく説明する時間はありませんが、自分が変わるのがなぜ困難なのか、他人が変わるのがなぜ困難なのかは、人それぞれにそれなりの理由があるということです。そこで、地域の役割が非常に重要であることがわかります。地域レベルではすべてのプレーヤーがいて、みんなが近くにいるためコミットしやすく、結果を測定することが可能で、目に見えるからです。

つまり、地域は戦略的な場であり、文化が第一なのです。例えば、私たちは鉱山労働者とともに、彼らのキャリアの終わりと、鉱山の底にいたときの様子を音と光で再現し、それによって彼らの仕事が認知されるようになりました。現在は農家の人たちとともにモデルの移行に取り組んでいます。干ばつの問題に始まり、畑に使う投入物や肥料は石油由来のもののため非常に高価になっています。

また、このようなアクターたちと一緒に仕事をすることで、文化的なアプローチによって、例えば記憶を集めることができます。私は「『音と光のショー』をつくり、ミュージカルをつくろう」と呼びかけました。この地域の移行の物語を作り出すのです。広告のスローガンのような意味ではなく、私たち、つまりあなた方一人ひとりが、自分がどこにいて、物事がどのように進んでいるのか、どのように生きているのか、今日何をしているのか、どうすればもっと前進できるのかを語るのです。そしてこの集団的なストーリーテリングは、人々を仲間に引き入れ、集団的な変化へと導く非常に強力な方法になります。人々は周囲が変化することで自ら一人ひとりもよりよく変わることができます。

これはとても重要なことです。この文化的なアプローチの中心に遺跡の問題があるからです。遺産や古いモニュメント、歴史的な景観の世話をすることとは、後ろ向きのアプローチだといわれがちです。

しかし私たちは、私たちを私たちたらしめているものによって立っているのです。つまり建築の痕跡、あるいは古い採掘場、坑道、ロース＝アン＝ゴヘルでいえば第十一から第十九と名づけられた坑道、そしてロース＝アン＝ゴヘルに出現した巨大なボタ山、これらを保存することによって、私たちは昨日の歴史を認識し、それが私たちなのだということができるのです。この作業は鉱夫たちによっておこなわれました。研究センター、文化センター、教育センター、遺産教育センター、環境教育センター、子どもたちの教育と観光のための団体である「ボタ山の鎖」など、多くの新しい活動がこの場所で展開されています。

これらの場所は徐々に目的を変え、ほかのタイプの人々を迎え入れ、さらには新しい道を開く場所になりました。それは昨日から今日、明日へと移り変わる道です。この場所で遺産を利用することは非常に興味深いことですが――〝利用する〟という言葉は適切ではありませんが――、この遺産の入り口によって立つことは非常に重要です。

移行の特徴の一つは、強い不安を生み出すことです。いまの若い世代は、将来への見通しを立てることが非常に難しいことがよく知られています。私はよくこう言います。「今日生まれた少女が百歳まで生きる確率は二分の一です。今日生まれた子は二一〇〇年から二一二〇年より先を知ることになりますよ」。若い人たちにとって自分を未来に投影するのは難しいし、とても不安なことです。しかし、自分たちには歴史があり、それを体現する遺産があるという考え方は、自分たちが何者で、どこからきたのかを知るという安心の枠組みを取り戻すのに役立ちます。移行の具体的な成果ももちろん表れています。

最後に申し上げたいことは、アマゾンの先住民、北極圏のイヌイットのように、ほかにもたくさんいる先住民は、もはや自分たちの歴史や文化に結び付けられていないため、離ればなれになってしまったということです。彼らの人生モデルが変貌を遂げるとき、それは川に浮かぶわらの破片のようなものといえるでしょう。なぜなら、彼らはもはや自らの歴史に一体化されていないためにわれわれの社会を不安定にし、リスクを負い、自信を強要する移行を引き受けざるをえないからです。

　産業遺産に関して矛盾することは何もありません。過去を美化するのではなく、これが私たちであり、これが私たちの歴史であり、これが私たちの起源なのだ、というだけです。私たちが自分自身を改革するために経験している、一世代はかかるだろう困難な時期のさなかなのです。自分たちがどこからきたのか、自分たちの遺産がなんなのか、自分たちの価値観がなんなのかを知ることは、私たちにとって財産になるでしょう。

　移行は技術的なものである以前に社会的なものであり、その観点からいえば、このプロセスの中心にあるのは文化だといえます。以上は歴史のごく粗削りな紹介でしたが、みなさんの国や地域でも同じようなことが起こることを期待しています。

第5章

なぜ保存するのか

——観光のパラドクスと保存の論理

堀川三郎

はじめに

なぜ、保存するのか。

産業遺産が地域社会の再生の切り札とされる現在では、保存することは当然のことと見なされている。しかし、筆者はここであえて「なぜ保存するのか」と問うてみたいと思う。存在する理由を失ったものを、なぜ、あえて保存するのか——こう問うことによって、「遺産産業」の勃興と現状を再考する一助になると思うからだ。

そこで本章では、筆者が過去四十年間にわたってフィールドワークをしてきた北海道小樽市での保存運動を事例にして、なぜ保存するのか、そして保存の先に何が待ち受けているのかについて考えてみたい。(1)

1　小樽運河保存問題とは何か

小樽という都市と運河

小樽市は、一八六〇年代後半から急速に発展した港湾商業都市だ。北海道の行政の中枢を担った札幌に対し、その北西約三十キロの地にあった小樽は流通と経済の中心地だった。問屋機能が集積し、石炭の積み出し港としても重要な位置を占めていた小樽では、人口も取り扱い貨物量も増加の一途をたどっていく。隆盛を極める港湾施設の改善のために計画されたのが、本章で取り上げる小樽運河である。着工は一九一四年、竣工したのは小樽が絶頂期を迎える二三年だった。

しかし、第二次世界大戦中の戦時統制によって小樽は衰退に向かう。小樽繁栄の源泉だった問屋機能が札幌に一極集中化したことに加えて、戦後の石炭から石油への燃料転換、それに太平洋側の港の台頭などが原因である。のちに小樽観光の目玉になっていく運河や倉庫群は、いわば衰退の置き土産だった。というのも、残そうとして残ったのではなく、ただ単に、取り壊しの資金がないがために壊されなかったにすぎなかったからだ。一九六〇年代以降の小樽運河はヘドロが溜まり、艀《はしけ》がまばらに舫《もや》うだけで、うらぶれた景色になっていた。世界の物流が舟運から鉄道、そしてトラック物流へと変化するなかで、小樽港には旧式の「艀—運河—倉庫—鉄道」という荷役方式しかなく、遅まきながら建設した埠頭も、起死回生の一打とはならなかった。

そこで小樽市は、トラック物流化の潮流に乗ろうと、運河を埋め立てて六車線の道路を建設する「道道臨港線《どうどうりんこうせん》」計画を立案する。そのときは特段の反対がなかったこの計画だったが、のちに運河を残すべきか、埋めるべきか、市を二分する大論争が起こることになる。これが世に有名な「運河論争」とも「運河戦争」とも呼ばれた小樽運河保存問題である。その中身は、小樽のシンボルとされた小樽運河とその周囲の町並みを幹線道路の建設のために埋め立てるか否かを争点にした、一九七三年から八四年にかけての小樽市行政と運河保存運動との攻防である。したがって、小樽運河保存問題とは、まずもって「道路建設をめぐる紛争」だった。

運河論争の構造

では、なぜ、「戦争」とまでいわれるような論争が引き起こされ、十年以上にわたる長い対立になったのだろうか。

その原因の第一は、再開発の考え方の相違だった。運河問題を「道路建設の問題」として把握したのでは、この論争を十全に語ったことにはならない。なぜなら、道道臨港線という道路建設計画の可否を争うことの深層に、都市再開発戦略をめぐる発想の相違が横たわっていて、それが長期にわたる深刻な地域社会内の対立をもたらしたからだ。

小樽市行政が主張する再開発戦略とは、時代遅れになった機能、すなわち「艀―運河―倉庫―鉄道」という荷役形式を、新しい時代の要請である「埠頭―道路―トラック輸送」という荷役形式で置き換えていこうとするものだった。古くなったものを取り壊して再開発するという戦略は、日本の高度経済成長期の地域再開発政策としては常識的な発想であり、小樽だけが特別だったというわけではない。小樽は、当時のありふれた再開発戦略をとったあまたある都市のうちの一つだったといっていい。

対する保存運動が、過去を懐かしむ/惜しむノスタルジーから始まったことは事実だ。彼らは当初、「運河を潰したら、小樽が小樽でなくなってしまう」、だから運河を保存せよと主張していた。市議会宛てに何度も保存の陳情書を提出し、「小樽運河を守る会」を結成して運動を展開していく。

しかし、市との論争の過程で、運動は自らの主張を深化させていくことになる。冒頭にも述べたように、道路建設の可否が争われていたのだから、「運河問題は道路問題だ」という言い方は、正確ではないが、間違ってはいない。だが、九万八千筆の保存署名を集めた運動は市議会に対して、どちらが民意を代表しているのか、道路計画によってどんな都市を構想しているのかと、道路計画がよって立つ思想までも問いただすに至る。運河問題を道路問題という単層レイヤーで捉えていた市行政に対して、運動は道路問題の可否／決定の代表性、正統性《レジティマシー》／再開発戦略問題／あるべき都市像という多層レイヤーとして把握していたからだ。あくまで道路問題であるというレイヤーだけで話そうとする市当局と、小樽再生のビジョンという観点までも含んだ複数のレイヤーで話そうとした保存運動とは、すれ違っていくほかなかった。小樽のまちと水辺を切り裂くように道路を造ることが本当に小樽にとっていいことなのかという都市のあり方についての論争だとする運動と、道路の問題だけに切り詰めていこうとする市行政——両者の間には再開発についての考え方の大きな違いが横たわっていて、真っ向から対立していかざるをえなかったように思える。

だが、それだけではない。第二に、運河をどのように捉えるかという点でも両者の間には相違があった。行政は、運河を再開発に利用可能なものと考えていた。運河という土地を、個人やコミュニティーの歴史や思い入れというものを含まない、無味無臭で透明な立方体として思念していた。これを土地の「空間」観と呼ぼう(「空間」としての土地：land as“space”)。都市計画法上の用語がその典型例であり、例えば五十平方メートルの土地は、誰にとってもいつの時代でも、等しく五十平方メートルの土地である。対する運動は、運河はコミュニティーの歴史や記憶が蓄積した特別なもの、自分との関係で語られるものと考えていた。自分の生家は単なる五十平方メートルの土地ではなく、特別なものであって、ほかに五十平方メートルの土地を用意するからといわれても、それで置き換えることができないと観念されている土地だ。これを土地の「場所」観と呼ぼう(「場所」としての土地：land as“place”)。

空間と場所という言葉を補助線にしてみえてくるのは、市が単層レイヤーで運河問題を語っていただけでなく、運河を空間と見なしていたということだ。それに対して運動は、運河を自分たちにとって特別な場所と捉え、その場所をどのようにして未来の小樽に位置づけていくのかという多層レイヤーで語ろうとしていた。このように大きく分けて二つのすれ違いがあったために、十年を超える論争をもってしても、両者は合意には至らなかったのだといえる。

「運河論争」の終焉と観光都市化

では、運河保存運動は、なぜ、そのような大きなフレームにまで論争を展開していったのだろうか。

一九七〇年代を通じて、保存運動のひな型は文化財保護運動だった。廃れた運河をそのままの姿で保存すべし（「凍結保存」）という運動は、対象になるものの文化的価値を語ってはいたかもしれないが、経済再生のビジョンを欠いていた。「保存したい」という気持ちが仮に共有されたとしても、それを実現するための財源や、都市のにぎわいを呼び戻す具体的戦略を提示しなければ、市民の賛同を得ることもなければ、開発推進派が多数を占める市議会の厚い壁を打ち破ることもできないだろう。こうして時代の変化への処方箋をもたない運動は、大きな支持を受けることなく、徐々に衰退していく。場所を場所のまま残せというだけでは、支持を得られなかったのだ。

しかし、一九七〇年代終盤、新たに若いメンバーが加入するようになり、運動は息を吹き返す。運河は遺物ではなく資源だ、運河を核にした観光開発をすべきだという小樽経済再興の明快なビジョンを打ち出すに至る。市の経済界もそれに賛同し、ついには運河埋め立て・道路建設に固執する市長の支持基盤までもが保存運動に賛意を示していく。運動は場所を上手に利用して経済の再興を図れと主張したからこそ、経済界を含む幅広い層に支持されたのだ。運河論争は市議会を超えて北海道議会、国会にまで飛び火していき、期せずして小樽と運河の名は全国に知られるようになっていく。このとき、運動のひな型はもはや文化財保護ではなく、保存を核にしたまちづくり運動へと展開していたと考えられる。

運動の盛り上がりによって守勢に立たされた市は、一九七九年、運河の埋め立て幅を縮小する変更案を提起する。それは保存運動側が市側から譲歩を引き出したということであり、議会で決定され、着工した道路を途中変更させるに至ったという意味で、運動の大きな戦果だった。しかし、それは埋め立ての中止＝運河の全面保存ではなく、運河の半分を埋め立てるという折衷案でしかなかった。折衷案を認めるのか、あくまで全面保存を求めるのか。運動方針をめぐる意見の衝突や運動内部の主導権争いの末、八四年の晩夏に保存運動は崩壊し、運河論争は終結した。つまり、保存運動は運河の全面保存という目的を達することはできなかったのだ。現在の運河沿いの景観は、市の変更計画案に沿って半分が埋め立てられた姿であり、二三年に竣工した際のオリジナル幅のものではない。

だが、そうではあっても、小樽運河は論争の意図せざる結果として全国的に有名になり、観光客が押し寄せるようになった。かつては「商都」「港湾都市」と呼ばれていた小樽は、運河論争を経て「観光都市・小樽」になったのだ。

2 保存とは変化すること——保存運動の到達点

形によって生きる

運河論争の結果、一大観光都市になった小樽は、かつてのように「斜陽の町」とはいわれなくなっていく。いまや観光開発の優等生と目されている小樽は、結果的に何を手にしたのだろうか。物流港湾として衰退したあと、論争を経て経済の再生に成功したというストーリーとして理解していいのだろうか。あるいは、保存運動は政治的には負けたものの、小樽再興の礎を築いたという意味で勝ったのだというサクセスストーリーとしてまとめていいのだろうか。

先にも述べたように、小樽の保存運動は道路計画の背後に潜む設計思想を問い、未来の小樽はどんな都市であるべきかという視点をも提起していた。ならば小樽での経験を単なる経済再興のサクセスストーリーとして理解することは、運動を単層レイヤーへと切り詰めてしまうことを意味する。いま一度、運動が提起していた複数のレイヤーを捉え直してみる必要があるだろう。それは運河保存運動の到達点を確認することであり、なぜ保存するのかという本章のテーマを検討するのに必要不可欠な作業でもある。

まずは、運動の中核を担った者の一人、佐々木興次郎の声を聴いてみよう。

それ〔縄張り意識とほかの町内への対抗意識〕がすごい、小樽は強いんですよ。例えば通り一本〔越えただけ〕で、もう、ダメなんですよね。行けないんですよ。(略)〔そ〕して、唯一、そういうようなテリトリー〔縄張り〕がない場所っていうのが、運河周辺、ま、いまでいう港湾地区なんですね。これは誰に聞いてもそうでした。(略)港だけが本当にテリトリーがなくて自由に遊べるんですね。(2)

運河周辺だけは縄張りがなく、誰でも遊べたという佐々木の証言は、運河が自由に出入りできる公共的なものだったことを示している。土地所有権という意味で運河は市が所有・管理する公有水面だったが、コミュニティーのなかでも、運河は誰にでも開かれていた公共圏だったという。つまり、二重の意味で運河は公共空間だったのだ。

では、公共空間としての運河と、地域コミュニティーとの関係はどうなっていたのだろうか。同じく保存運動の中心人物だった一人、山口保の言葉に注目しよう。なぜ運河を保存するのか。その理由を問われて、彼はこう語る。

もともと港でこの街はできたんやな。港っていうのはそういう意味でいうと、この街の礎みたいなものなんですよ。鎮守の森が村の中心で、森を壊した場合、コミュニティーは完璧に崩壊するよな。そういう意味で、港は非常に大事だと思ったわけ[3]。

この語りで注目すべきは、山口が鎮守の森の比喩を使いながら、コミュニティーが崩壊する危険性を指摘している点だ。なぜなら、鎮守の森を壊せば「コミュニティーは完璧に崩壊する」、だから壊してはならないのだという保存の論理がここで明快に語られているからである。彼の主張の核心は、運河を埋めることはすなわちコミュニティーという公共圏の物的基礎を破壊することである、という点にある。「社会」という言葉がすでに現実を抽象しているために忘れられがちではあるが、社会は物質的なモノによって、具体的な形――家屋や道路、歩道橋や運河――をもって生きられる。逆にいうなら、物質は人間と無関係にただそこに存在しているわけでは決してなく、社会のニーズによって作られたり壊されたりするのだということになる。物質もまた、社会的存在なのだ（「社会の物質性」「物質の社会性」）。

そのように考えれば、もはや山口の語りは難しくない。彼が言わんとしていたことは、自らが生きる形の改変は、すなわち私たちの改変なのだ、だから勝手に形を変えないでくれというものだった。

保存とは変化すること

保存運動の主張がそうであるなら、私たちは一切、形をいじることはできなくなってしまう。その結果、運動が一時、衰退していたことはすでにふれた。現状変更を一切認めない凍結保存は、経済の再興のための改変をも認めない。そしてそれは地域社会に暮らす人々から支持されるものではないのだ。

では、保存運動は、この隘路をいかに乗り越えたのだろうか。やはり保存運動の中心にいた者の一人、蕎麦店店主の小川原格の語りを聴いてみよう。

いや、街は変わるんだよ。うん。街っていうのは生き物で、とどまってはいられないと思うんだよ。いい意味でも悪い意味でも。（略）だから、変わったこと自身〔それ自体〕が問題なんじゃなくて、どう主体が関わって、変わらせたのかのほうが大事なんだよ。[4]

「変わったこと自身が問題なんじゃなくて、どう主体が関わって、変わらせたのかのほうが大事なんだ」と小川原は言いきっている。変化を許さないのではなく、変化してもいい、いや、変化は不可避なのだと語っているということだ。さらに、変化そのものではなく、変化の仕方が問題だという物言いは、変化を無条件に許容しているわけではなく、不可避の変化を前に、思想と主体がどのように関与しているかを問おうとする態度を表しているように思われる。小川原は、さらにこうも語る。

例えば鉄道ファンを「鉄《てつ》ちゃん」っていうけどさ、〔その言い方に倣えば、俺は歴史的建造物マニアの〕「歴《れき》建《けん》ちゃん」になりたくなかったんだよ。（略）。俺は「歴建おたく」でもないし、「廃墟マニア」でもねぇし、要はその時代時代でその地域に育った人が、生き生きとエネルギッシュにその街で生きていけるような街を目指した。その切り口が運河であり観光であったっていうだけの話で、（略）つまり「本当に「市民社会」って日本にあったのか？」なくらいの思いで始まった〔運動だった〕、根っこはだよ。[5]

ここで「鉄ちゃん」「歴建おたく」「廃墟マニア」と次々に変奏される例えは、変化を認めずに凍結保存を求めるかたくなな態度のことだ。小川原は、自分はそれとは異なるのだという。保存や観光ではなく、自分たちが「生き生きとエネルギッシュにその街で生きていけるような」小樽こそが目的だと主張している。つまり、保存運動は変化を否定していたわけではなく、その名前とは裏腹に、変化を許容さえしていた。道路建設の必要性は運動も認めていた。なぜなら、変化は不可避だからである。むしろ、慣れ親しんだ自分たちの町を変えないよう、いかに変えていくこと、すなわち、ある特定の変化の仕方をさせよと運動は求めていたと解釈できるだろう。どのように変化させるのか、変化のプロセスとスピードを住民自身にコントロールさせよという運動だったという意味で、保存とは変化することだった。[6]

このように捉えるなら、運河保存運動は「さよなら」の別名だったといえるだろう。ある時代が終わったと思っているからこそ運動は「保存」という名を使ったのだ。だから保存運動は、ある時代を終わらせないための運動ではないし、ノスタルジックに昔を懐かしむだけのものでもない。終わったあとの変化が、「空間」観によってなされることへの抵抗運動であり、終わった時代との接続性を担保するような変化を求める心性に縁取られていた。保存運動とは、終わった時代への挽歌であると同時に、未来への投企でもある。

小樽の運河論争が開示したのは、中央集権的に制御される都市計画行政とは異なる、地域住民による「変化の社会的コントロール」が重要な課題であるということだった。変化を行政や財界にまかせてしまうのではなく、自らのコミュニティーの形を守るために、市民によってコントロールされるべきであるという視点だ。つまり、道路建設計画をめぐる紛争という形態をとってはいたものの、小樽運河問題は実は小樽という都市の変化を、どの方向へと水路づけ、どのようにコントロールしていくのかを問うていたように思われる。小樽で展開された運河保存運動が、町並み保存運動やまちづくり、観光開発という領域だけでなく、都市再開発、都市ガバナンスという文脈でも注目されてきたのは、偶然ではない。

3 観光開発のパラドクス

小樽は何を手にしたのか

保存運動は負けたものの、小樽は斜陽都市から観光都市へと華麗なる再生を遂げた。「運河論争」の意図せざる宣伝効果によってもたらされた観光都市・小樽は、ピーク時の一九九九年には九百七十万人を超える観光入り込み数を記録し、これはまさに観光爆発とでもいうべきものだった。意図せずに観光都市になったという意味で、それは「出来ちゃった観光」(7)だった。運河論争終結時点では小樽市に観光政策はないに等しかったし、保存運動が求めた住民による「社会的コントロール」が実現されないまま、観光都市化が進行していったからである。内部分裂で傷ついた運動参加者たちは仕事や家庭へと帰っていき、「運河論争」という舞台から運動と行政が退場したあとの空隙に、観光業者が入場してきて、観光が爆発したのだ。

しかし、大勢として観光入り込み数は徐々に減少してきている。それは市周辺から訪れる近郊客が落ち込んだからだったが、中国や韓国からの海外観光客(いわゆるインバウンド)がそれを補っていたことで、統計上は見えにくくなっていたにすぎない。近郊客に飽きられつつあった小樽は、インバウンド観光でかろうじて息を吹き返していたといって間違いなかろう。コロナ禍で激減したものの、現在は観光客が戻り、活況を呈してはいる。だが、観光入り込み数という「量」という点では、大勢では減少してきているといわざるをえない。

運動が負け、まちは観光都市としてよみがえり、そしてまた衰退へと向かっているとするなら、小樽は最終的に、何を手にしたのだろうか。項を改めて考えてみたい。

定点観測が語ること

筆者は、一九九七年から小樽の景観定点観測調査を継続している。ここではその調査結果の一部をみてみよう。それは小樽が何を手にしたかを考える重要な論点になると思われるからだ。

この定点観測調査自体は、建築学・都市計画学的な調査であって、社会学のそれではない。にもかかわらず社会学者である筆者がそれを自ら手がけるのは、定点観測データを社会学的なヒアリングデータと重ね合わせることで、より正確に運河問題を理解できるのではないかという目算があるからだ。

この調査のベースになっているのは北海道大学工学部建築工学科居住地計画学研究室が実施した調査である。

同研究室は一九八一年、八六年、そして九二年の三回にわたって小樽市内の運河・色内《いろない》・堺町地区にある二百七十棟あまりの建物の景観調査を実施した。筆者は九七年以来今日に至るまで、北大調査とまったく同一の対象に、同一の調査フォーマットで毎年九月に調査をしている。結果的に、八一年から二〇二三年まで、運河沿いの歴史的建造物の四十二年にわたる変化が把握できるデータになっている。四十二年間にわたって運河沿いの景観がどのように変化してきたかが、個々の建物レベルで追跡できるデータは、管見のかぎり、ほかには存在しない。(8)

この定点観測データをもとに運河沿いの変化を追跡してみると、一九八六年に八十八棟あった石造倉庫は、九二年には五十一棟へと減少していることがわかる。失われた三十七棟の内訳は、十四棟が駐車場、十一棟が小売店舗、五棟が飲食店、七棟がホテルなどその他の用途に、それぞれ転用されている。残った倉庫五十一棟も、二〇一六年にはわずか十七棟にまで減少してきている。つまりこの三十年間で、八〇パーセントもの石造倉庫が失われたということが明らかになる。言い換えるなら、「観光都市・小樽」では、観光都市の「売り」であるはずの歴史的建造物が一貫して減少してきているということだ。観光都市として売り出しているその足元で、肝心要の歴史的建造物自体が減少しているという、観光開発のパラドクスが起きている。

しかし、この調査データからみえてくるのは、それだけではない。実は二〇一〇年以降に観察されるもう一つの興味深い傾向が読み取れるように思える。一言でいえば、小樽の伝統的な「景観文法」が変化してきているのではないか、というものである。

小樽の倉庫建築には伝統的に、近傍で採取される軟石《なんせき》が使用され、屋根の勾配は五寸(二六・六度)、棟高は八メートルから十二メートル、軒高は五メートルから六メートルというのが「文法」だった(写真1)。こうした文法が共有されていたからこそ、多種多様な建築が並んでいても、小樽らしい特徴的な景観が成立していたということができる。運河論争期と、その後の観光爆発初期に問題になったのは、この小樽にしかない特徴的な景観――その最たるものが、小樽運河とその周囲の石造倉庫群である――をどのようにして保存するかだった。別言すれば、二〇〇九年ごろまでは「小樽にしかないもの」が重要視されていた、ということである。

写真1　小樽の「景観文法」にのっとった建築の一例（2013年9月、撮影と写真内の注釈は筆者）

写真2　小樽の「景観文法」から逸脱した建築の一例（2023年9月、筆者撮影）

写真3　「どこにでもある」建築の一例（2023年9月、筆者撮影）

しかし二〇一〇年代に入ると、その文法から「逸脱」する建築が観光地の本丸ともいえる堺町に建てられるようになってくる。ある有名スイーツ店の新築店舗は外壁に軟石を使用していないうえ、さらに小樽建築に特徴的な勾配率の屋根に代わって、平らな陸屋根《りくやね》である。側面もすりガラス、ステンレス、コンクリートなどを用いたモダンなたたずまいで、伝統的な小樽の景観文法から逸脱した建築様式である（写真2）。〇九年ごろまでは、小樽のアイデンティティー維持、そして小樽経済の再興のためにも、「小樽にしかないもの」を形作る景観文法が共有されていたが、この店舗は地域の固有性と歴史性を旨としてきた小樽の歴史的まちづくりとは正反対のベクトルをもったものであるということができるだろう。先の言い方に倣えば、「東京にありそうなスタイリッシュなもの」が注目されはじめた時期といえるだろうか。小樽の景観文法から逸脱してはいるが、スタイリッシュなデザインで観光客に強く訴求しようとしているという意味で、観光開発という文脈内の建築ではある。

　さらに二〇二〇年代に入ると、新しい動きらしきものが観察される。運河とほぼ同じ歴史を刻んできた北海製罐第三倉庫の保存が社会問題化し、市がこれを無償で譲り受けて保存的活用の方向を探っていくことが決定した一方で、小樽観光の本丸中の本丸ともいうべき運河沿いに、全国チェーンのコーヒー店が開店した（写真3）。このチェーン店は観光客に強く訴求するというより、普段着で行けるような「どこにでもある平凡なもの」である。建築様式も全国一律のハーフティンバー風のもので、「小樽にしかないもの」とも、「東京にありそうなスタイリッシュなもの」とも無縁で、景観に対して配慮する様子がみられない[9]。そのような建築が運河沿い、しかも北海製罐第三倉庫が望める区画に出店することが可能になったという意味では、小樽に固有の景観文法から逸脱しているというよりも、文法自体が衰退しはじめたことを示しているのかもしれない[10]。いずれにせよ、観光の「売り」である歴史的景観が急速に減少し、小樽固有の建築文法が廃れていくとき、観光都市の「終わりの始まり」が始まるといえるだろう[11]。

　運河論争期には、文字どおり、市を二分する一大論争が巻き起こった。しかし、小樽ではこうした景観文法の逸脱、衰退化はほとんど議論されてきてはいない。運河論争以後の観光都市路線を踏襲するかそれとも決別するかは、優れて小樽市民の選択の問題である。しかし、いずれの道を選ぶにせよ、あの運河論争と同じような質と量の議論が不可欠なように思われる。その議論には、住民自身による観光の成長管理や、景観の「公共性」が議論されなければならないだろう。筆者の景観定点観測データが静かに語るのは、観光都市・小樽の議論なき路線変更の姿だった。

おわりに

　小樽での経験を振り返りながら私たちがみてきたのは、保存することの難しさであり、めでたく保存されることになったとしても降りかかってくる困難だった。だからこそ、なぜ保存するのかという問いが重要になってくるのだ。本章が冒頭でこのように問うたことのゆえんである。ここでは暫定的な結論を述べることにしよう。

「何を保存するのか」という問いには、「実物」と答えるのが適切だ。運河保存運動が、自らが生きる形の改変はすなわち私たちの改変なのだ、だから勝手に形を変えないでくれと主張していたことがその証左である。物理的な建造環境を壊すなというのが、保存運動の主張の生命線だった。

「誰が保存するのか」と問われるなら、答えは「市民」である。行政も企業も一定の役割を果たすが、市民の生活という繋留点に最も敏感かつ通事的に関与するのは市民自身だからだ。

そして、「なぜ保存するのか」という本章冒頭の問いには、「保存するのは変化するためだから」と答えたい。社会は真空中にあるのではなく、物質的な形をもって人々に生きられる、だから物質は社会生活やコミュニティーの成立にとって基底的な重要性をもつものだ。だからこそ、自らの生活を維持できるよう、それを変えないように変えていくことが必要なのだ。小樽が長く苦しい運動の末に獲得したのは、「なぜ保存するのか」という問いへの、一つの明晰な解答だったのではないかと思われる。

注

(1) 小樽運河問題の内実とその詳細な分析については、堀川三郎『町並み保存運動の論理と帰結——小樽運河問題の社会学的分析』(東京大学出版会、二〇一八年)を参照のこと。なお、以下の記述は、同書と堀川三郎「観光のパラドクスと地域コミュニティ——小樽の観光まちづくりの教訓」(「世界」二〇二一年一月号、岩波書店)の記述と重複する部分がある。

(2) 一九九七年九月二日、北海道小樽市内での佐々木興次郎へのヒアリング。[ ]内の補足は引用者による。以下のヒアリングの引用も同様。

(3) 一九九八年九月四日、小樽市内での山口保へのヒアリング。

(4) 二〇一一年九月十二日、小樽市内での小川原格へのヒアリング。

(5) 注(4)に同じ。

(6) 前掲『町並み保存運動の論理と帰結』三八九ページ

(7) 前掲「観光のパラドクスと地域コミュニティ」一二一ページ

（8）この定点観測の詳細については、前掲『町並み保存運動の論理と帰結』三二四―三五二ページを参照のこと。

（9）さらに、この店舗は、歴史的建造物の壁面線が連続する区画にありながら、セットバックし、前面に駐車場を配している。結果として、壁面線に断絶が生まれている。

（10）これは二〇二三年九月の五十六回目の現地調査を終えた時点での暫定的な解釈である。データの詳細な解析と検討は今後の課題である。なお、この調査をサポートしてくれた法政大学社会学部生の各氏（鈴木英玲菜、越後日向子、大﨑佳那子、井口陸、成岡優輝）と、竹村英樹氏（慶應義塾大学）に記して感謝したい。

（11）前掲『町並み保存運動の論理と帰結』三七五ページ

第6章

世界遺産「富岡製糸場と絹産業遺産群」

――SOYEUX DESTINS 絹が結ぶ縁

稲塚広美

はじめに

富岡製糸場(1)の正面から入って最初に目にする東置繭所《ひがしおきまゆじょ》のアーチ中央部のキーストーンには、創業年である「明治五年」（一八七二年）の文字が刻まれている。富岡製糸場は明治政府の近代化政策に基づき、西欧の器械製糸技術を取り入れ、高品質の生糸を大量生産するために設立された官営模範工場である。全国各地から伝習工女を集め、故郷で器械製糸場が設立される際にリーダーになる人材を育成する役割も担った。一八九三年に民間に払い下げになったが、一九八七年に操業停止になり、その歴史に幕を下ろすまで、三井家、原合名会社、片倉工業(2)と経営母体を変えながら、百十五年間一貫して生糸を生産しつづけた。明治初期に建てられた官営工場で、富岡製糸場のように百五十年あまりたった現在も、当初の建造物がほぼ完全な形で現存する例はない。

群馬県富岡市で生まれ育った筆者は、母の実家が養蚕農家だったこともあり、幼児期は「お蚕様(3)」に親しんで

写真1　空から見た富岡製糸場（提供：群馬県）

いた。新鮮な桑の匂い、蚕が一斉に桑を食べる音、眠《みん》（脱皮の半日くらい前から蚕が桑を食べずに動かなくなること）と脱皮を繰り返し、糸を吐いて真っ白な繭を作る蚕の一生を記憶している。大忙しになる〝お蚕上げ[4]〟の日は、親戚や近所の人たちが招集され、母についていく。子どもはじゃまだと追いやられるが、いとこたちと蔵のなかで遊べるので楽しみだった。小学生になり、授業で習う富岡製糸場の前を通ると繭を煮る独特な匂いがしていたが、そのころが生糸生産の最盛期だったとのちに知る。現役の工場として稼働していたため門のなかには入れなかったが、荘厳なレンガの建物は美しく、まるで異国のように感じた。中学校の先生から、敷地内の社宅を訪問したと聞いたことで、工場内の暮らしに関心をもった。

将来、富岡製糸場の世界遺産登録に深く関わる日がくるとは夢にも思っていなかった。明治・大正・昭和という激動の時代にこの製糸場で働いていた人たちも、自分の職場が世界遺産になるとは想像すらしなかっただろう。

1　世界遺産について

富岡製糸場の世界文化遺産登録への歩み

二〇〇三年、群馬県知事から富岡製糸場を世界遺産にするプロジェクトが発表されたとき、多くの市民が〝工場が世界遺産になるはずがない〟という反応をした。富岡製糸場が操業を停止して十五年たっていたが、その間、当時の所有者である片倉工業は、産業遺産としての価値を認識し、建物の維持管理に努めていた。また見学を希望する人に対して一九九六年から外観見学を受け入れ、その解説には、地元の退職校長会の会員があたっていた。二〇〇七年に設立された「富岡製糸場解説員の会」の母体である。〇四年には、県が主導して富岡製糸場世界遺産伝道師協会も設立された。

世界文化遺産の条件として、国内法（文化財保護法）で適切な保護管理体制がとられている必要がある。〇五年に敷地全体が国史跡に指定され、片倉工業から建造物一切が富岡市に寄贈された。〇六年に主要な建造物[5]が国重要文化財に指定され、〇七年に世界遺産暫定一覧表に記載されると、県民の期待も一気に高まり推進活動が活発になっていく。一三年一月に日本政府から世界遺産委員会へ推薦書（正式版）が提出され、九月にＩＣＯＭＯＳ（国際記念物遺跡会議）による現地調査がおこなわれた。

二〇一四年四月、ＩＣＯＭＯＳの「記載」勧告を経て、六月にカタールで開催された第三十八回世界遺産委員会で「富岡製糸場と絹産業遺産群」は「世界遺産一覧表」に記載された。この快挙をパブリックビューイング会場で見届けた市民は、市街地を練り歩きながら一斉に富岡製糸場に向かった。地元新聞社の号外が配られ、欣喜雀躍した数千人規模の人々の歓声が夜遅くまで製糸場内に響き渡っていた。あの光景を生涯忘れることはないだ

図1　錦絵『上州富岡製糸場之図（内部）』（富岡市立美術博物館）

ろう。翌日は早朝から見学者が押し寄せ、来場者とメディア対応に追われることになった。

「富岡製糸場と絹産業遺産群」

県内四つの資産の相互連携によって高品質な生糸の大量生産を実現した「技術革新」と、世界と日本との「技術交流」が「顕著で普遍的な価値」として認められた「富岡製糸場と絹産業遺産群」は、一部の特権階級のものだった絹を世界中の人々に広め、絹の大衆化に貢献し、その生活や文化をさらに豊かなものに変えた。富岡製糸場の知名度は高いが、良質な繭の安定供給がなければ製糸業は成り立たない。養蚕の技術革新に重要な役割を果たした構成資産を簡単に紹介する。

●田島弥平旧宅（伊勢崎市）

一八六三年に建てられた養蚕農家の住居兼蚕室。蚕の飼育には自然の通風が大事だという養蚕法「清涼育」を目的にした換気用の越屋根が付けられ、近代養蚕農家建築のモデルになった。『養蚕新論』（一八七二年）、『続養蚕新論』（一八七九年）を著した田島弥平は、蚕種（蚕の卵）をイタリアで直接販売する渡航メンバーの一人でもあった。

●高山社跡（藤岡市）

高山長五郎は通風と温度管理を調和させた「清温育」という飼育法を確立し、一八八四年に養蚕教育機関・養蚕改良高山社を設立した。現在も高山社跡に残る「清温育」に最適な構造の母屋兼蚕室は、九一年に建てられたもので、日本全国だけでなく中国や朝鮮半島、台湾など多くの実習生が学んだ。

●荒船風穴（甘楽郡下仁田町）

冷蔵技術がなかった一九〇五年、夏でも冷気が噴き出す地形を生かし、庭屋静太郎によって建てられた国内最大規模の蚕種貯蔵施設。蚕種は冬から春への温度変化を経て孵化するが、この施設で蚕種紙を低温貯蔵して孵化の時期を調整できるようになったことで、年に一回だった養蚕が複数回可能になり、繭の増産に貢献した。現在は石積み部分が残るだけだが、いまでも冷風が噴き出している。

日本の世界遺産

二〇一一年の第三十五回世界遺産委員会はバーレーンで開催予定だったが、政情不安のため急遽フランス・パリのUNESCO（国際連合教育科学文化機関）本部に変更になった。当時パリに赴任していた筆者は、くしくも世界遺産委員会を傍聴する機会を得て、自然遺産「小笠原諸島」と文化遺産「平泉——仏国土（浄土）を表す建築・庭園及び考古学的遺跡群」が世界遺産になる瞬間を目の当たりにしたのである。その委員会で「記載延期」になった国立西洋美術館は、五年後の一六年に世界遺産登録を果たした。

日本の世界遺産[6]のうち産業遺産と呼ばれる文化遺産は、二〇〇七年の「石見銀山遺跡とその文化的景観」を皮切りに、一四年の「富岡製糸場と絹産業遺産群」、一五年の「明治日本の産業革命遺産 製鉄・製鋼、造船、石炭産業」と続き、二四年には「佐渡島の金山」が登録された。フランス人が関わった最初の世界遺産は富岡製糸場で、次いで前述した一六年の「ル・コルビュジエの建築作品——近代建築運動への顕著な貢献」の国立西洋美術

写真2　サン・レウチョ（イタリア）の絹工場外観（筆者撮影）
手前の建物が製糸場跡、丸い窓の建物が繭倉庫

館、一八年の「長崎と天草地方の潜伏キリシタン関連遺産」の大浦天主堂がある。現存する日本最古の教会堂で「フランス寺」とも呼ばれた大浦天主堂は、いまから七十年も前に国宝に指定されているが、これはフランス人が関わった最初の国宝でもある。

海外の絹関連世界遺産、サン・レウチョ邸宅群

海外に目を向けると、絹産業に関連する世界遺産はきわめて少ない。なかでも、イタリアのナポリ北東に位置するカゼルタ郊外にナポリ王が建設した建造物が「カゼルタの十八世紀の王宮と公園、ヴァンヴィテッリの水道橋とサン・レウチョ邸宅群」として一九九七年に世界遺産に登録された。水が乏しかった地域に「イタリアのヴェルサイユ」といわれる豪華絢爛なカゼルタ宮殿を建設するため水道施設が作られ、水を豊富に使用する絹関連施設もあわせて建設された。養蚕・製糸・織物工場と労働者のための住居を付随させた一連の絹産業を「王立」という独特な形態で、王の敷地で産業発展させたのである。

二〇一一年に訪問して担当者に話を聞いたところ、労働者たちは工場では大きな織機で、住居では小さ

な織機で絹製品を作っていたという。富岡製糸場より約一世紀も前に、絹産業を地域産業にして人々が豊かに暮らすシステムを実現させていたことに驚く。一七八九年には、そのコミュニティーにだけ通用する法律(7)が制定されたが、男女間の平等・教育・宗教という三つの柱は先進的で、社会主義の先駆けといえるものだった。現在は王宮とともに博物館として撚糸機や織機が展示され、住宅街には一般住民が居住している。

2 現在の富岡製糸場

見学者数の推移

富岡製糸場の見学者数は、年間三十万人前後で推移していたが、世界遺産に登録された二〇一四年度には一気に百三十三万人に到達した。多いときは一日一万人を超える日もあったが、その後は少しずつ減少し、登録三年後の一七年度にはピーク時の約半分になった。さらに、新型コロナウイルス感染症の影響も加わり、二〇年度はとうとう十万人台まで落ち込んだ。現在は徐々に取り戻しつつあり、二二年度はかろうじて三十万人を超えた(8)。最近はリピーターが増え、一人あたりの滞在時間は延びる傾向にある。

新たな財源確保にチャレンジ!

大規模工事が終了した二〇二一年度の決算は、人件費を除いた事業費約三億五千万円に対して見学料収入約一億五千万円、国や県からの補助金一億円弱で、残りの約一億円は富岡製糸場基金や寄付、ふるさと納税を財源にした。しかし基金も底をつき、これまで見学料収入でまかなってきた富岡製糸場職員の人件費約一億円には、一般財源を充てることを余儀なくされた。世界遺産を所有するということは、地域経済の発展をもたらすが同時に

写真3　国宝・西置繭所瓦修復工事（筆者撮影）
総数5万枚を超える瓦を丁寧に下ろして洗浄する。1枚ずつ目視と打音による検査で選別して全体の約6割を再利用する

保護していくための莫大な費用のやりくり、維持・管理・継承の責任が伴う。そこで、築八十年以上経過して劣化した「煙突」（現在四代目）の修理代は、市の負担分についてはクラウドファンディングによって捻出することになった。多くの個人や団体の人々の賛同を得て、目標額八千万円を達成した。

富岡製糸場は敷地全体が国の史跡で保護の対象であるため、工事着工前に地下遺構の発掘調査をし、遺構を損なわずに保存する方法を検討してからおこなう。繰糸所と東・西置繭所の三棟は「コ」の字形に配置され、その周りに寄宿舎などの生活空間が広がっている。五・五ヘクタールの場内には、明治から昭和にかけて整備された百棟あまりの生産関連施設があり、おおむね三十年という長期整備計画[9]によって保存修理をおこなっていく。

国宝・西置繭所の保存修理・整備活用工事

生糸の原料になる繭は、乾燥させたあと東西の置繭所の主に二階に貯蔵していた。

二〇一五年一月に着工した西置繭所（長さ百四・四メートル、高さ十四・五二メートル、幅十二・三メートル）の保存修理・整備活用工事は、約三十五億円をかけて屋根の葺き替え、耐震補強、建具修繕、活用工事などをおこなった。オリジナルの部材を可能なかぎり残し、修復年代は富岡製糸場の生糸生産最大年[10]とした。また、工事中は見学棟を設置し、ヘルメットをかぶって音や埃も体感しながら工事の様子を見学できるよう工夫した。世界遺産に対する国やUNESCOからの経済的援助はない。国の重要文化財・史跡になっていることで基本的に工事費のうち国五〇パーセント、県二五パーセントの補助があり、残り二五パーセントは市の負担である。「ハウス・イン・ハウス」という手法が採用され、鉄骨フレームを骨組みにしたガラス部屋を設けたことで、保存・補強・活用を同時に解決した。世界遺産かつ国宝という特別な空間に資料展示室と多目的ホールが誕生し、二〇年に公開になった。今後、会議、コンサート、演劇、展示会など多様な活用が期待される。

近代産業遺産の先駆的保存活用プロジェクトとして国宝西置繭所が日本イコモス賞2020を受賞した際には、「使い続けられてきた産業遺産としての価値に正面から向き合い、その保存修理、構造補強、活用を一貫した理念と方針により実現したもので、日本における文化遺産の保存活用のあり方を根本から問い直す新たな提案を高い完成度で示している[11]」と評価された。ほかにも、照明デザイン賞優秀賞、日本空間デザイン賞金賞、日本建築学会賞など数々の賞を受賞している。

富岡製糸場を楽しく見学する、深く知る

「世界遺産の街に住んでいる」という誇りや地域愛が芽生え、住民のなかにも製糸場や街なかのガイド希望者が増えた。富岡製糸場では、歴史と価値を正しく理解して維持・継承の必要性に共感してもらうため、研修を受けた解説員によるガイドツアーを実施している。また、多言語で用意された音声ガイドアプリを自身のスマートフォンにダウンロードし、自分のペースで見学することもできる。富岡製糸場に関する研究は「富岡製糸場誌[12]」に始まり、二〇〇八年度に設置された富岡製糸場総合研究センターが多岐にわたる調査の成果を「富岡製糸場総合研究センター報告書[13]」としてまとめ、毎年刊行している。一三年からフランス人のスタッフを採用し、フランス語の文献調査や翻訳を担当しながら情報発信、文化交流など積極的に活動している。

女性活躍社会の原点

シンポジウム会場で「富岡製糸場は『女工哀史』の舞台ではないのか？」という質問があった。出版物や映画の影響もあり、製糸業というと過酷な労働を強いられているイメージがつきまとう。しかし冒頭で述べたように、富岡製糸場の場合は単に生糸を生産するにとどまらず、日本各地に新しい器械製糸技術を伝播する役割を担う伝習工女を育成する目的で、いわば採算を度外視して明治政府が設立した官営模範工場で、利潤の追求を目的とした民間の製糸工場とは立ち位置が根本的に異なる。

十六歳のときに伝習工女として操業翌年の富岡製糸場に入場した長野県松代藩士族の娘・和田英（旧姓横田）が、労働の様子や寄宿舎生活などを五十代になってから著した回想録は『富岡日記』（一九三一年）として知られ、これは当時の暮らしを知る貴重な史料として重要な役割をもつ。労働時間は一日七時間四十五分、日曜・祝日休み[14]のほか年末年始と夏季休暇があり、給料は年功序列ではなく能力給の等級制、寮費・薬代・食費・医療費・作業着代などはすべて工場負担、毎日入浴できて花見や盆踊りなどの行事もあった。教養や裁縫などの技術も身に付けることができ、福利厚生・労働環境は先進的なものだったことがわかる。民間に払い下げになり労働時間は延びていく[15]が、教育が大切だという考え方は経営者が変わっても引き継がれた。

世界遺産登録の際、ＩＣＯＭＯＳから「女性の役割および労働、社会的環境に対する知見を深めること」を勧告され、市では富岡製糸場女性労働環境等研究委員会を立ち上げ、各分野の専門家に委嘱し、女性労働者の役割や生活環境など、多角的な視点での調査研究が進められた[16]。

3 フランスからの技術移転

富岡製糸場設立の背景

ジャカード織機の発明などヨーロッパでは産業革命が進み、リヨンはフランス最大の絹産地になったが、十九世紀半ばに発生した蚕の伝染病・微粒子病がフランス全土に広がり、養蚕・絹産業は壊滅的な状態に陥った。開国直後の日本の輸出の要は蚕糸類で、横浜港からマルセイユ港へ運ばれた蚕種や生糸がフランスの絹産業を救った。しかし、当時の日本は手作業で糸を繰っていたため諸外国からの需要に十分に対応できず、粗製濫造が横行するようになる。そこで、明治維新を迎えたばかりの政府は「生糸」で外貨を稼ぐため、東京から約百キロ北の群馬県の富岡の地に、西欧の器械技術を取り入れた官営製糸場を建設する方針を定めた。[17]

お雇いフランス人と住居

明治政府は、横浜居留地で生糸検査人として勤務していたフランス人ポール・ブリュナを設立指導者に定めて雇用契約を結んだ。ブリュナは横須賀製鉄所の首長レオンス・ヴェルニーを介して、船工兼製図職として雇用されていたエドモン・オーギュスト・バスティアンに設計を依頼。バスティアンは製鉄所を参考に五十日ほどで図面を完成させたという。[18] ブリュナは器械類を調達するため一時帰国し、生糸検査人二人と製糸工女四人を採用して日本に戻った。一行から遅れて来日したのは銅工技師ジュール・シャトロン（後述）である。また、創業時から産業医制度の原型ともいえる診療所も設けられ、医師を含めて十人ほどのフランス人を雇い入れた。

工場が稼働した翌年にフランス人の住居が完成した。ブリュナが家族と住んだ「首長館」（通称ブリュナ館）、生糸検査人の宿舎「検査人館」、製糸工女の宿舎「女工館」は、いずれもレンガ造りで周囲にベランダを張り巡らせたコロニアル様式で建てられ、格子状に組まれたベランダの天井、鎧戸、鉄製の窓枠など西洋建築の特徴がみられる。首長館には、ワインや食料保管庫として使用されたといわれる地下室も残る。フランス人が赤ワインを飲む姿に「富岡製糸場に入場すると若い娘が異人に生き血を吸われる」という噂が流れ、政府が「告諭書」を出したものの工女の募集が難航し、操業開始が遅れたことも有名な史実である。

西洋の建築技術を導入

富岡製糸場の建造物は、バスティアンのメートル法による図面を尺貫法で読み替え、日本人大工が施工した。木材などの建築資材はおもに地元や近隣で調達したが、国内では入手困難なセメントや板ガラス、ペンキなどは輸入された。

二〇一四年十二月に国宝に指定された主要な建造物三棟(繰糸所、東置繭所、西置繭所)は、いずれも屋根は日本古来の瓦葺き、木で骨組みを造り柱の間にレンガを積んで壁を造る「木骨レンガ造り」が採用された。この工法は柱や梁に屋根の重さがかかるため、レンガ壁への負担が少ないといわれている。大量のレンガと瓦は富岡製糸場の設立に携わった渋沢栄一(19)らが指揮をとり、同郷でのちに初代所長になる尾高惇忠が韮塚直次郎らを呼び寄せて、隣町(甘楽町)に窯を築いて焼いた。レンガの積み方は長手と小口を交互に積むフランドル積みで、レンガの目地にはモルタルの代わりにしっくいを用いた。

渋沢は富岡製糸場のあともレンガ製造に関わり、故郷にレンガ製造工場を建てた。そこで焼かれたレンガがのちに東京駅丸ノ内駅舎、迎賓館赤坂離宮、東京大学、信越線碓氷峠の鉄道施設(通称めがね橋)などにも使用されたのである。

「技術革新」がおこなわれた国宝・繰糸所

一八七二年建築の繰糸所（桁行き百四十・四メートル、幅十二・三メートル、高さ十二・一メートル）では、百十五年間にわたって繰糸機の改良など製糸技術の「技術革新」が絶えずおこなわれ、[20] これは日本の産業革命の原点といえる。

操業時には世界最大規模といわれた三百人繰りの繰糸器（後述）と、これらを動かす蒸気エンジンをフランスから輸入し、工女が一斉に糸を繰った。当時は電灯がなく、自然光を最大限に利用するため建物を東西に長くしてガラス窓を多く設けた。このガラスや鉄製の窓枠もフランスから持ち込まれた。工場は一般的に大型の機械が導入されると建物に収まりきらないため増改築が繰り返される。一世紀以上を経ても建物が操業時の状態で保存されているのは、西洋からの技術であるトラス構造の小屋組みと高い天井で、当初から柱がない大空間を作ったことも要因の一つといえる。

現在保存展示されているのは、一九六〇年代半ばから八〇年代半ば（昭和四十年代から五十年代）にかけて開発されたニッサンＨＲ型自動繰糸機で、八七年に操業停止になるまで使用されていた。いまでも最新鋭の繰糸機として海外で使用されているが、国内でも碓氷製糸（群馬県安中市）で現役稼働している。「繰糸機はニッサン、織機はトヨタ」と言われるように、日本を代表する自動車メーカーが絹産業に深く関わっていたのである。

西洋の機械技術「フランス式繰糸器」と「ブリュナ・エンジン」

ブリュナが富岡製糸場用に特注した鉄製二口取共撚式繰糸器（フランス式繰糸器）は、リヨン北東のアン県セルドン村にある銅工場マン・エ・フィス社製（後述）で、富岡製糸場用に二つの改良が加えられた。一つは日本人女性が作業しやすい高さに調整したこと、そしてもう一つは、巻き取った生糸が固着しないよう大枠へ巻き返す「揚げ返し」という作業を取り入れた製糸工程「小枠再繰式」を導入したことである。これらの機械を動かす動力として、ブリュナは五馬力の横形単気筒蒸気機関（通称ブリュナ・エンジン）を調達した。蒸気ボイラーを稼働し、一九二〇年に動力源が電気モーターになるまで約五十年間使用された。フランス式繰糸器は長野県岡谷市の岡谷蚕糸博物館に、ブリュナ・エンジンは愛知県犬山市の博物館明治村に寄贈されたため、残念ながら富岡製糸場にはオリジナルは残っていない。市では、岡谷市から寄託されたフランス式繰糸器の復元機を用いて繰糸所内で操業時の糸繰りを実演し、富岡製糸場中庭では富岡商工会議所工業部会が原型に基づいて設計図を起こして製作したブリュナ・エンジン（復元機）の動態展示を実施している。

4 富岡市の日仏交流

友好都市ブール・ド・ペアージュ

二〇一五年十一月、ブリュナの出身地ドローム県のブール・ド・ペアージュと富岡市は友好都市協定を締結した。ブール・ド・ペアージュはヴァランスの北東に位置する人口約一万人のコミューン[21]で、二十世紀初頭にモッサン工場が製造していたフェルト帽子は、世界的に有名な特産品だった。歴代市長にはブリュナの祖父や、小さな製糸場を経営していた父も名を連ねる。

富岡市の日仏交流の始まりは既述のとおり富岡製糸場設立時にさかのぼる。以降一世紀の時を経て、ＮＨＫドキュメンタリー『明治百年』（一九六八年）の取材班がブリュナの出身地を取材したことが契機になり、一九七二年、富岡製糸場での日本近代産業発祥百年祭に合わせて、日本国大使館経由でブール・ド・ペアージュから記念メダルが贈呈された。

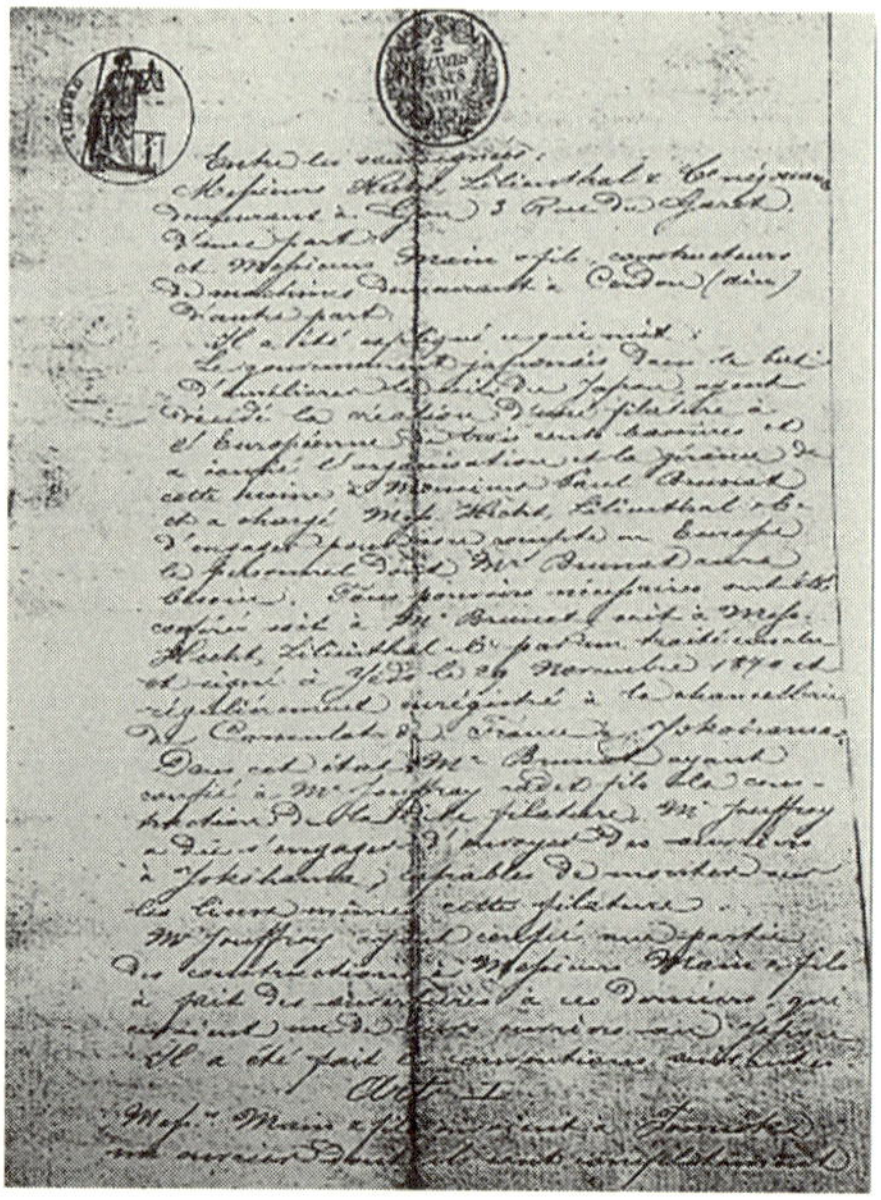

写真4　機械の製造と技術者の派遣についてのマン・エ・フィス社との契約書（筆者撮影）

小さな種まきが世紀の大発見へ！

二〇一一年五月、ロマン＝ブール・ド・ペアージュ遺産保存協会の発案によって、ドローム県の養蚕・絹、およびブリュナの生涯と富岡製糸場をテーマにした企画展がブリュナの故郷で開催され、当時パリに派遣されていた筆者が講演をおこなうことになった。講演の終わりでは、「日本では「運命の人とは赤い糸で結ばれている」という言い伝えがあるが、日本とフランスはずっと前から赤い糸ならぬ白い絹の糸で結ばれているのだと思う。富岡製糸場操業時にブリュナが調達したフランス式繰糸器や蒸気エンジンが、いつ、どこで造られ、どのように運ばれてきたのかなど、まだまだ解明されていないことがある。何か情報があれば寄せてほしい」と伝えた。機関誌 *La Lettre de CLAIR Paris* にこの講演内容全文を載せた富岡市特集号を組み、フランスのコミューンに配布して日本に帰国した。

二〇一二年、この記事を目にしたというセルドン村のモーリス・ゴアと名乗る人物から「明治五年の富岡製糸場の繰糸器を造ったのは、われわれの銅工場ではないか」という一本の電話が入った。ゴアは百二十五年にわたって操業してきた銅工場の元従業員で、一九七九年に操業停止した工場を買い取って維持・管理し、動態展示をしながら見学者を受け入れていた。日仏歴史研究家のクリスチャン・ポラックが現地に赴いてゴアに会い、史料を確認して、長い間の謎が解けた。そこにはブリュナが発注した繰糸器械だけでなく、銅工技師シャトロン（前述）の派遣についても記されていたのである。後日現地を訪問した際に、契約書の原本や製造費用などが記された分厚い会計簿などの貴重な史料を借りることができ、富岡製糸場での展示会でお披露目した。これによって富岡製糸場の調査研究が大きく前進したといえるだろう。

日仏交流文化事業「SOYEUX DESTINS」

本章のサブタイトルは、二〇一五年に外務省リヨン領事事務所と共同で開催した富岡製糸場世界遺産記念事業のイベント名である。フランス側の準備実行委員会で議論を重ねて決まったもので、「絹が結ぶ縁を、先端技術を共有する日仏産業協力の未来にまでつなげる」という事業の方向性を表しているとともに、フランス語の美しい響きがあり、大変気に入っている。

リヨン商工会議所でのシンポジウムでは富岡市長もパネリストとして登壇し、リヨン市庁舎ゴダールの間では関係者三百人を招待して記念レセプションを開催した。リヨン織物装飾芸術博物館では、富岡市出身のろうけつ染め作家・大竹夏紀の作品と花まゆ主宰・酒井登巳子の作品を展示し、第六区役所と第四区役所では、日本とフランスの絹の歴史や、アン県のボネ絹工場とセルドン銅工場に関する展示、最先端の繊維産業の展示がおこなわれた。多くの支援と協力のもと、官民一体・日仏一丸となっておこなった大プロジェクトは大成功を収めた。

日仏交流シンポジウム「富岡製糸場のルーツを探る」

二〇一七年十月、アン県立博物館ボネ絹工場、セルドン銅工場、リヨンのソワリーヴイヴァント協会、外務省リヨン領事事務所とアン県議会代表者を招き、日仏交流シンポジウムを富岡市庁舎でおこなった。ボネ絹工場は製糸だけでなく製織もしていたが、大人数の女子労働者の寄宿制工場だったということ、セルドン銅工場がボネ絹工場と富岡製糸場に繰糸器を供給した歴史があること、そしてかつて工場だった場所を博物館として後世に引き継いでいくこと、という三者の共通の歴史も共有した。またセルドンワイン生産者も来日し、「SOYEUX DESTINS」と命名された赤スパークリングワインの試飲会も開催した。

翌月には募集に応じた二十人の市民訪問団による「富岡製糸場のルーツを巡る旅」を実施し、フランスの友好都市や前述の施設を訪問するなど、市民レベルでの交流を深めた。

おわりに

世界遺産登録を挟んだ六年間、重要文化財・検査人館が筆者の職場で、富岡製糸場解説員（会員約百人）の養成・指導がおもな業務だった。世界遺産登録後は連日五千人を超える来場者が場内にあふれ、声を張り上げる肉声でのガイドを急遽とりやめてイヤホンガイドを導入するなどの対応をおこない、自身もガイドに回った。解説員不足を想定して制作した音声ガイド機(22)は歳入予算を補正増するほど利用され、制作費を数カ月で回収した。後半はおもに企画展や講演活動、映画『紅い襷 富岡製糸場物語』（監督：足立内仁章、二〇一七年）や英語併記の写真集の制作、友好都市協定や日仏交流事業などに携わった。新たな試みとして蚕の生態展示や市民養蚕、シルクギャラリー運営などを手がけるなかでも縁が生まれ、なかでも素材にこだわるデザイナー皆川明率いるブランド・ミナペルホネンとシルクスカーフを共同制作できたことは、その最たるものである。二〇一六年の世界遺産講演会では「女たちの鼎談」(24)と題して、ブリュナの通訳をしていた川島忠之助(23)の孫・川島瑞枝と、官営期に所長を務めた速水堅曹の末裔・速水美智子の聴き手として、エピソードや新たな史料を紹介できたことも担当冥利に尽きる。

今回『富岡日記』をあらためて読み返し、明治維新という変革期に働く女性として日本の近代化を支えた彼女たちの「思い」に初めて寄り添えた気がした。先人からバトンを受け取った私たち一人ひとりが、富岡製糸場を残してきた経営者たちや、ここで働いてきた多くの人の思いも継承していかなくてはならない。ぜひ多くの人に東京から最も近い産業遺産に足を運んでもらい、世界遺産としての価値とともに、その「思い」にまでも共感してほしい。

ブリュナはペール＝ラシェーズ墓地に眠り、セルドン銅工場は長い修復工事を終えて二〇二三年二月、新たにアン県立博物館として歩み始めた。「産業遺産を観光資源に」という発想を誰もしなかったころからのゴアの夢がようやく実現したのだ。また、アン県立博物館には富岡製糸場コーナーもできた。まさに白い糸、「絹が結んだ縁」である。先人たちのたゆみない努力や、ものづくりに対する情熱を後世に伝えていく場所になることだろう。

注

（1）富岡製糸場の名称は、富岡製糸所、富岡工場と変化するが、本章では統一して「富岡製糸場」を用いる。

（2）一八七三年に長野県岡谷市で座繰り製糸を開始し、経営規模を拡大しながらシルク産業で片倉財閥を構築した老舗企業。富岡製糸場に自動繰糸機を導入し、技術革新に貢献した。工場閉鎖後も富岡製糸場の価値を理解して「売らない、貸さない、壊さない」を理念に、多額の税負担・保守費をかけながら、十八年間大切に保全管理を続けた民間最後の経営者。

（3）養蚕農家にとって貴重な現金収入を生むため、蚕に敬称を付けて「お蚕様」「おこさま」などと呼ぶが、本章では「蚕」で統一する。

（4）糸を吐く準備が整い、体が透き通ってきた蚕を蔟《まぶし》と呼ばれる枠に移す作業。

（5）繰糸所、東置繭所、西置繭所、蒸気釜所、鉄水溜《てっすいりゅう》、下水竇《げすいとう》および外竇《がいとう》、首長館、女工館、検査人館の七棟一基一所。

（6）二〇二四年八月現在で二十六件（文化遺産二十一件、自然遺産五件）。

(7) 一七八九年にフェルディナンド四世が住民統治のために発布した法典。
(8) 富岡市公表数値による。
(9) 富岡市世界遺産まちづくり部富岡製糸場課編「平成二十四年度 史跡・重要文化財（建造物）旧富岡製糸場整備活用計画」富岡市、二〇一二年
(10) 生糸の年間生産量最大の年は一九七四年で三十七万三千四百一キログラム。富岡市編「平成二十四年度 富岡製糸場総合研究センター報告書」富岡市、二〇一三年、六八ページ
(11) 「日本イコモス賞・日本イコモス奨励賞2020」ICOMOS Japanプレスリリース、二〇二一年
(12) 富岡製糸場誌編さん委員会編『富岡製糸場誌』富岡市教育委員会、一九七七年
(13) CLAIR（自治体国際化協会）が実施するJETプログラムの国際交流員。
(14) 日本の官庁が七曜制（日・月・火・水・木・金・土の七曜日制）を導入したのは一八七六年四月。
(15) 各期の平均労働時間は、官営期（一八七五年）：七時間四十五分、三井期（一九〇〇年）：十一時間二十五分、原期（一九三〇年）：十二時間、片倉期（一九四七年）：八時間と変化。今井幹夫／髙林千幸／鈴木淳監修、富岡市／岡野雅枝編著『富岡製糸場――継承される革新の歴史』Echelle-1、二〇二〇年、一〇八ページ
(16) 富岡市編「富岡製糸場 女性労働環境等研究委員会報告書」富岡市、二〇二〇年
(17) 選定のおもな理由は、①養蚕が盛んで通年操業する繭の確保が可能、②広い敷地の確保が可能、③製糸に必要な大量の水が川から取水可能、④蒸気エンジンの燃料になる石炭が近くから採掘可能、⑤外国人主導に地元住民が同意した、などがあげられる。
(18) 富岡市編「平成二十五年度 富岡製糸場総合研究センター報告書」富岡市、二〇一四年、二一ページ
(19) 埼玉県深谷市出身。一八六七年、徳川昭武に随行してパリ万国博覧会とヨーロッパ諸国の事情を見聞。大蔵省退官後は実業界に転じ、第一国立銀行、東京証券取引所などを設立・経営するなど、生涯に約五百社の企業に関わり「近代日本の資本主義の父」と称された。二〇二四年からの新一万円札の肖像に選ばれている。
(20) 繰糸機の変遷：フランス式繰糸器（共撚式→ケンネル式）→御法川式製鉄製四口取ケンネル式繰糸器→御法川式多条繰糸機→TO式多条繰糸機→片倉式K8式自動繰糸機→プリンスHR型自動繰糸機→ニッサンHR型。
(21) フランスの地方自治体の最小単位。日本のような市・町・村の定義はないが、本章では日本の自治体規模と照らし合わせ、「市」「村」を使用する。

(22)ブリュナ夫人エミリの父で、フランスを代表するオルガニストのルイ・ジェームズ・アルフレッド・ルフェビュール＝ヴェリーが作曲したピアノ曲をBGMに使用した。

(23)伝習生として横須賀製鉄所の黌舎《こうしゃ》に学んでフランス語を習得し、海軍省に出仕して一八七三年にブリュナの通訳官として富岡製糸場に出向した。横浜正金銀行リヨン出張所に十四年間赴任した銀行家。ジュール・ベルヌの『八十日間世界一周』(私家版、一八七八年)を翻訳し、日本に初めてフランス文学を紹介した人物としても知られる。

(24)埼玉県川越市出身。前橋藩士だった一八七〇年に日本初の器械繰糸器を導入して藩営前橋製糸所を開設。内務省の役人を経て富岡製糸場所長に就任(一八七九―八〇年、八五―九三年)、経営改革によって官営期の赤字経営を立て直して黒字化に貢献。夜学を設置して自らも指導にあたった。

第3部

人類学・社会学・歴史学と産業遺産

第7章

石炭産業の最終局面での労働者・家族・地域
──社会学研究の源泉としての産業遺産

嶋﨑尚子

はじめに

石炭産業への関心は、二十世紀末からヨーロッパを中心に再燃している。その原動力の中心となっているのは、産業遺構への注目、遺産化の運動である。しかし、産業遺産への関心は、労働史と結び付くことなしには表層的な石炭産業理解にとどまり、一過性のブームに終わることは自明である。遺産を眺めるだけでは何にもならない。そこには現代社会が抱える諸課題の源泉がある。われわれは人々の労働とつながりに驚嘆しながら、連帯を必須とする産業や社会のあり方を、巨大な石炭産業を手がかりに検討している。二〇一一年四月にオーストリアのインスブルックで産業遺産に関する国際会議に参加した際、多くの研究者が、on the surface（地上）に強い関心をもっているのに対して、under ground（地下）の労働現場についてはまったく関心がないことに衝撃を受けた。その傾向は日本ばかりでなく、欧米も同じ状況だったのだ。われわれ広義の社会科学者は、この状況に対する危機意識を共有し、終わった産業である石炭産業での労働経験を記録・継承し、現代社会を考える材料にする作業を進めている。すなわち、労働現場の理解のために地上の遺産を活用するという立場である。

1　石炭産業への関心と多様な産業遺産

石炭産業への接近

筆者は、社会学の視点から地域性や産業特性に着目して、労働や家族、ライフコースに関する実証研究を進めている[1]。産業には固有の規範や文化があり、それが地域、労働、そして労働者家族の生活を規定する。地域や労働者、家族は、マクロ水準の産業転換に直面した際にどのように適応し、対峙したのか。産業というマクロなコンテクストに、地域と労働者のライフコースを連結する作業である[2]。とりわけ近年、産業への関心が極端に低減するなかでは重要な枠組みである。

石炭産業を主対象にする理由は四点ある。最大の理由は、石炭産業が、日本では一八八〇年代から一世紀以上にわたって、開発・発展・成熟・衰退というライフサイクルをたどった点である[3]。この間、採炭技術は開発と改革が続けられ、それに呼応して採炭方法と現場作業形態は変更を繰り返した。そして一九四〇年代後半から最盛期を迎えたが、短期に終わった。その後は、国の石炭政策下で長期にわたる衰退過程をたどり、二〇〇一年度末をもって国内での坑内掘り採炭を終えた。産業としては閉じたが、現在は、高度採炭技術の海外移転事業へと構造転換している。一九五五年以降の産業動向（図1）を確認すると、石炭産出量は五〇年代・六〇年代以降は段階的に減少した。六三年度からの「スクラップ・アンド・ビルド政策」以降、当初は九百を超えた炭鉱は次々に閉山し、七〇年代半ば以降は、ごく少数の大手「ビルド」炭鉱が稼働を続けた。高度経済成長期に、石炭産業は

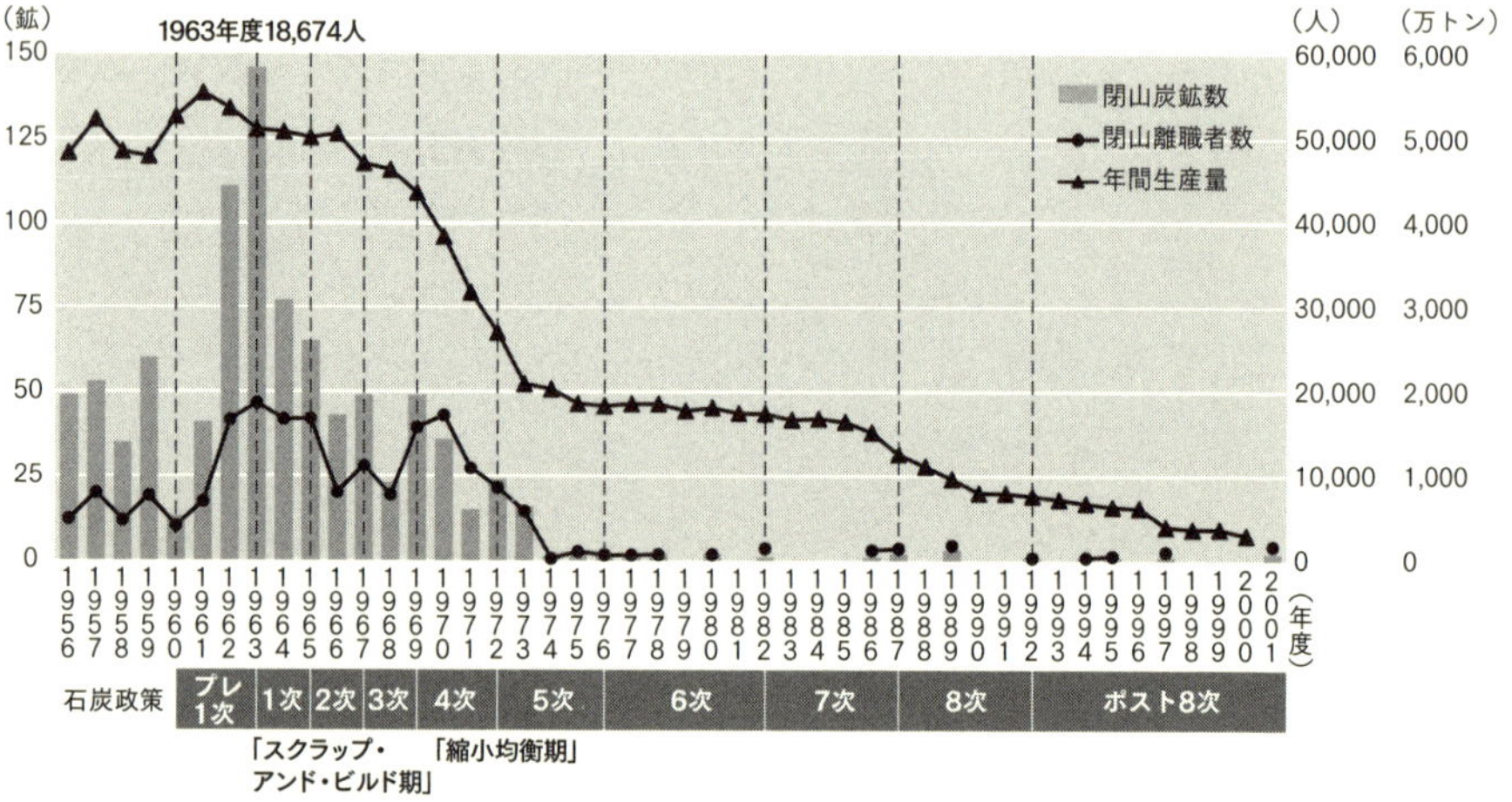

図1　石炭政策下での炭鉱閉山数と閉山離職者数、年間生産量
注：離職者数には合理化離職者は含まない
（出典：『石炭政策史 資料編』〔石炭エネルギーセンター、2003年〕をもとに筆者作成）

衰退へと舵を切ったのである。

第二に、石炭産業は長期にわたって基幹エネルギー産業として、明治期以降の経済基盤の構築に貢献した。また同時に、エネルギー産業を中核とする地域社会、そして膨大な数の基幹労働者と家族を生み出した。産業のライフサイクル展開に呼応して、国によるエネルギー産業政策と企業・自治体・地域・労働者に固有の諸課題が発生し、それらへの対策と制度が求められた。そこで、生産統制、産業技術振興、安全保安対策、労働災害対策、鉱害対策、不況産業振興対策、地域振興対策、離職者対策など、近代産業国家の根幹になる諸制度が構築された。産業が終焉した現在、これらの制度の功罪が問われ、捨てられた産業と労働者・家族・地域という現代に引き継がれた課題が顕在化している。

第三の理由は、石炭産業の労働集約型採取産業という特性から、労働者と家族が集住形態を強いられ、採炭現場である坑口施設を中心に地域コミュニティーが形成された点である。このコミュニティーは、労働者、家族、近隣関係が産業に吸収され、労働と生活とが一体化した「職縁で結ばれた炭鉱社会」だった。労働者は「企業体―世話所―炭住〔炭鉱住宅：引用者注〕―

家族をつらぬく秩序の系列」と同時に、組合活動を通しての「組合─炭住─家族の秩序系列」[4]にも組み込まれている。炭住区は、会社と組合の勢力関係から直接的な影響を受ける場でもあった。

最後に第四の理由として、石炭は地球上に地域の偏りなく埋蔵しているという「石炭の普遍性」がある。産業革命を経験した諸外国は、同様に産業のライフサイクルをたどっている。「石炭は世界共通言語」であるために、世界各地で産業遺産とともに石炭産業への関心が再燃しているのである。[5]

社会科学での関心

産業が盛んな時期には、必然的に社会の関心が高く、そのため社会科学研究の対象になる。実際、炭鉱労働者の労働、家族生活、余暇生活、規範や文化は、それ自体が日本社会の実態であり、諸課題の源泉だった。一九六〇年代まで優れた実証研究が蓄積され、労働や家族の領域でも、歴史性、階級・階層性、地域性の視点から広範な実証が展開された。しかし、衰退過程、それも石炭産業のようにその過程が長期に及ぶと関心が薄れ、七〇年代以降は急速に縮小した。その後、九〇年代半ばから再び活発化し、現在、国内比較と国際比較研究が本格的に展開する時期にある。

二〇〇〇年以降、筆者が所属する産炭地研究会は、主に石炭産業の衰退期・最終局面に焦点を当てている。大きな問いは、高度経済成長期以降の日本社会のマクロな産業構造の転換期に衰退産業である石炭産業では何が起こっていたのか、そして、労働者と家族、地域は、その状況にどのように対処したのか、である。いわば高度経済成長期以降の日本を対象に、その繁栄の裏で衰退していった産業の側から接近しようという試みである。その成果の一つとしてわれわれは『炭鉱と「日本の奇跡」』[6]を刊行し、その後も実証研究を進めている。具体的なリサーチクエスチョンは多岐にわたる。例えば、石炭政策と石炭産業の衰退過程、炭鉱労働の変容、炭鉱労働者の雇用と解雇、炭鉱の労働運動、産炭地の主婦の運動、産炭地の子どもたちの進路と選択、炭鉱コミュニティーの変容、炭鉱閉山による炭鉱労働者の産業転換、産炭地域の産業転換（成功と失敗）、産業の記憶の継承、といった具合である。

本章では、石炭産業の最終局面に関する具体的な課題を二点取り上げる。前述のように一九七〇年代以降、二〇〇二年の石炭政策終了時点まで、実証研究には三十年近い空白期間が生じた。「炭鉱ってまだあるの？／あったの？」という問いが、一九八〇年代・九〇年代に繰り返された。しかしこの間、石炭産業の状況は二転三転した。ビルド鉱の最後の姿を記述することは非常に重要である。それは、捨てられた産業の末路だからである。かつての「ヤマの生活」は最後まであったのだろうか。本章第4節でみるように、ほぼ「姿を消していた」がその回答である。最後には製造業や建設業に共通する姿だったといっていい。かつての「ヤマの生活」は静かにゆっくりと消滅したのである。その過程を記述しなければならない。そこから明らかになるのは、「ヤマの生活」が徐々に消滅していったからこそ、人々（当事者もそれ以外の人も）の記憶には「かつての最盛期のヤマの生活」だけが残り、現在でも語られるということである。

産業遺産としての広範かつ多様なアーカイブと意義

われわれは産業遺産を広義に捉え、研究材料・対象にしている。その一つが、アーカイブされた文書資料である。これは公的文書・記録などを含む。会社経営資料、組合資料、労務管理資料・記録（勤務記録）、福利厚生関係資料などをデータ化もしている。離職者に関しては、閉山前後の就職対策関連文書・記録（職業安定所・会社・労働組合などの求人・求職・相談・決定に関する記録）も重要な材料である。さらに、日誌・日記、子どもたちの作文などのパーソナルドキュメントについても利用方法を検討しながら活用している。

特記すべきは、一九七〇年代までの社会調査データ自体が産業遺産として活用できる点である。具体的には五〇年代から七〇年代に実施された質問紙調査の個票データや半構造化インタビューの記録が挙げられる。九〇年代から社会調査データのアーカイビングが進み、石炭産業に関する調査についても利用可能である。例えば、早稲田大学文学学術院社会学研究室には五〇年代から六〇年代に同研究室が実施した常磐炭田・常磐炭鉱に関する多数の調査の個票データが保管されている。また、札幌学院大学総合研究所の社会・意識調査データベース委員会には、七二年から八三年に北海道夕張市で実施された北海道大学の布施鉄治教授グループによる「総合的夕張調査」の個票データが関連資料とともにアーカイブされている。

個票データの利用方法については、二次分析はむろんのこと、過去の調査対象者への再調査、すなわちフォローアップ調査も可能である。例えば、われわれは二〇〇九年から一三年にかけて前述の「夕張調査」対象者八十八人の追跡調査を実施した。所在（死亡も含む）を確認できたのはわずか三十九人にとどまったが、そのうち九人に対しては詳細な生活史調査を実施した。彼らについて一九七〇年代の調査時点の情報と、それ以降の炭鉱縮小、閉山、その後の過程を連結し、炭鉱労働者のキャリアを記述した。(7) また、次節で紹介する北海道の尺別炭砿については、七〇年の閉山時に中学生だった人々に五十年後に集まってもらった。そして閉山時に各自が書いた作文をもとに、当時の気持ちや将来に対する展望などを回顧する場を設けた。かつてのクラスメートとともに、当時の写真なども見ながらの懇談を通して、記憶の奥底にしまわれていた尺別での経験や思い、その後の生活がよみがえり、それを記録する機会になった。(8)

われわれは、こうした広義の産業遺産を活用して、石炭産業の最終局面を調査・研究している。その意義は次の三点にある。第一に、過去の研究とその後の研究データを連結し、一連の過程としての観察が可能であること、第二に、先行研究成果を参照することで、先行段階での規範や文化が、現在の地域や家族の生活実態の通奏低音をなしている動態を把握できる。またそれによって、現在の事象に関する地域性や階層性の説明力が飛躍的に増大することである。第三に、産業のライフサイクル段階での特性は、普遍性を有しているため、特定産業に着目することで、労働・家族生活に関する国際比較研究へと展開し、さらに他産業への適用も可能である。

これらの意義を前提に、以下では石炭産業の衰退期・最終局面に関する二つの研究例を紹介する。

2 産業の衰退期・最終局面への接近：1
――炭鉱離職者の行方

第一の研究例は、閉山や合理化によって石炭産業から押し出された労働者たちの行方である。一九五六年度から二〇〇一年度までに九百二十八炭鉱が閉山し、炭鉱離職者は延べ二十万人を超えた。彼ら炭鉱離職者とその家族は、どのように産業転換を実現したのか。その再就職過程と地域移動を詳細に検討している。[9] 炭鉱離職者の支援は、一九五〇年代に九州の筑豊炭田で先んじて発生した炭鉱不況「黒い失業地帯」の社会問題化を契機に具体化した。炭鉱離職者臨時措置法（一九五九年制定）によって、五九年以降の閉山炭鉱離職者に対しては、他産業と比して手厚い保護策がとられた。その結果、閉山が集中した六二年度から七〇年度の炭鉱離職者再就職は、労働省職業安定課のマクロ統計によれば、求職者十八万千四百五十人に対し、就業者や職業訓練受講者など十七万四千三百六十人だった（九六・一パーセント）。再就職は総じて首尾よく進んだと評価された。具体的には、製造業への再就職が中心だったが（八四パーセント）、産炭道県内就職率は四七パーセントにとどまり、多くが成長産業の中心である都市部での再就職だった。[10]

こうした傾向は、一九六九年からの第四次石炭政策下で顕著だった。北海道を中心とする閉山離職者の多くが、広域職業紹介によって成長産業に就職し、全国へ移動していった。われわれはこうしたマクロ統計の内側を探った。『〈つながり〉の戦後史』[11]では、北海道東部の釧路炭田にあった尺別炭砿の閉山（一九七〇年）と、離職者家族の五十年間を記録した。七〇年二月の閉山に遭遇し、千三百人の労働者と四千人の家族全員が、わずか半年のうちに炭鉱地域を離れた。図2のように、炭鉱地域は半年後には文字どおり「もぬけの殻」と化し、炭鉱開基以前の大自然に戻った。それ以降、この地は荒廃したままである。彼らは仕事と暮らしだけでなく、故郷をも失ったのだ。

図2　尺別炭砿（1970年2月、70年12月、2016年8月）
（提供：元尺別炭砿中学校教頭）

わずか半年のうちに彼らが全国に移動することを可能にしたのは、政策による支援だけでなく、親族や仕事仲間、コミュニティーの仲間による助け合いだった。その詳細は、前述した『〈つながり〉の戦後史』で確認していただきたい。彼らの大移動の過程は、連鎖移住と呼ばれる形態を取っていた。北海道の炭鉱の場合、石炭産業に参入する際にも連鎖移住の形態がみられる[12]が、それと同じく、石炭産業から成長産業に転出する際にも、インフォーマルなネットワークや資源が活用されたのである。さらに興味深いことに、一九七〇年の閉山によって全国に散っていった彼らは、二〇二三年現在までかつての炭鉱でのネットワークを維持している。とりわけ当時「炭鉱の子ども」として閉山に直面した世代は現在七十代を迎えているが、交流を活発化している。つまり、リユニオンしているのだ。彼らの動きは、「故郷を失った」ために強化されているのか、あるいは引退を迎えた中高年期というライフコース上の位置によるものなのか。答えはおそらくその両者だろう。

さて、北海道内の炭鉱閉山離職者は、高度経済成長期終了後、成長産業による吸収力が低下するのに呼応

表1　北海道内の主要炭鉱（1963―2002年閉山）閉山離職者の移動先地域（移動者＝100／%）

	三井美唄（1963年）	豊里炭鉱（1967年）	雄別炭鉱（1970年）	尺別炭砿（1970年）	然別炭砿（1970年）	羽幌炭砿（1970年）	
移動者総数（人）	1,504	595	1,335	811	181	1,434	
札幌市	13.4	8.6	3.7	4.9	1.1	15.1	
地元産炭地	48.7	55.0	5.5	5.2	17.1	4.3	
道内産炭地	4.8	5.2	31.2	22.7	34.8	29.0	
札幌・産炭地以外	10.6	12.6	12.2	13.7	12.2	15.8	
道外計	22.4	18.2	47.3	52.2	32.0	32.7	
不詳	0.2	0.5	0.1	1.4	2.8	3.0	

	三菱大夕張（1973年）	赤間炭砿（1973年）	平和砿（1975年）	万字炭鉱（1976年）	夕張炭鉱（1977年）	清水沢炭鉱（1980年）	夕張新炭鉱（1982年）
移動者総数（人）	2,029	501	1,203	417	1,202	613	1,722
札幌市	12.5	11.8	4.8	8.4	3.9	4.9	7.1
地元産炭地	25.3	46.9	85.5	24.2	91.2	76.7	70.9
道内産炭地	4.9	10.2	0.2	40.5	0.5	10.8	15.3
札幌・産炭地以外	10.3	11.0	3.5	24.7	3.0	5.9	5.7
道外計	36.2	20.2	1.2	2.2	1.2	1.8	0.9
不詳	10.8	0.0	4.8	0.0	0.2	0.0	0.1

	砂川炭砿（1987年）	真谷地炭鉱（1987年）	登川炭鉱（1987年）	幌内炭鉱（1989年）	三菱南大夕張（1990年）	空知炭砿（1995年）	太平洋炭砿（2002年）
再就職者総数（人）	586	624	203	942	813	408	1,066
札幌市	2.4	10.3	18.7	7.6	14.6	3.7	0.5
地元産炭地	81.7	76.1	67.5	58.4	42.7	69.6	76.4
道内産炭地	2.4	3.8	3.4	5.9	3.9	7.8	0.0
札幌・産炭地以外	13.0	8.0	9.4	16.8	28.9	18.1	1.7
道外計	0.5	1.8	1.0	10.8	9.8	0.2	0.1
不詳	0.0	0.0	0.0	0.4	0.0	0.5	21.4

（出典：嶋﨑尚子「日本における炭鉱離職者支援――「公正な移行」にどう活かすか」「DIO」第398号、連合総合生活開発研究所、2024年）

して、地元産炭地での再就職、場合によっては地元に滞留する傾向が強まった。道外への転出者は全体の数パーセントにとどまる（表1）。こうした状況の過酷さを反映して炭鉱離職者対策は手厚くなったが、他方では、そうした対策が離職者の再就職を抑制する機能として作用した側面もあった。

3 産業の衰退期・最終局面への接近：2
――最終局面での炭鉱労働とコミュニティー

第二の研究例は、石炭政策のもとで「ビルドアップされた炭鉱」それ自体の変容である。一九六〇年代を通して、機械化・合理化などで労働現場は劇的に変化した。最終局面での炭鉱経営や労働形態は、「石炭産業について我々がイメージしがちな「常識」を打破し、政策保護を除いて「普通の企業」になって」[13]いた。

その一つは、採炭技術の高度化であり、最後まで坑内掘り採炭を続けた釧路の太平洋炭砿がその中核を担った。他炭鉱に先駆けて一九六七年にSD採炭を導入し、完全機械化に成功した。これによって採炭作業は機械のオペレーションを主とするものになり、多能工からなるチーム作業に変容した。その結果、請負給から固定給への転換が実現した。その後も生産技術だけでなく、管理技術でも集中管理システムを確立し[14]、皮肉にも最終局面でようやく「保安第一、生産第二」の実現に至った[15]。こうした転換は、労務管理面の抜本的転換ももたらした[16]。なかでも持ち家制度の導入は画期となった。太平洋炭砿では七〇年代にはすでに炭鉱住宅数を持ち家戸数が上回った。そして九〇年代には、炭鉱コミュニティーの共同性の象徴だった共同浴場などの施設が閉鎖され、炭鉱コミュニティーは事実上消滅した[17]。

持ち家取得は、労働者家族にとって生活の大転換だった。当時の様子を元従業員は「自分の城をもてるなんて、すごく気分よく仕事にいけましたね。玄関を出て仕事にいくときにも、気持ちがよかったですね」と語る。別の従業員の妻は、「これまで光熱費は全部会社が払ってくれていたけれども、これからは自分で出さなきゃいけない。それは負担にはなりました。けれども、これで町の人と同じ、平等になったというか、世の中と同じようになったと、なんだかほっとしましたね」と、炭鉱コミュニティーからの離脱を明言した。

このように、石炭産業の最終局面である一九九〇年代の太平洋炭砿従業員は、持ち家からマイカーで通勤し、固定給を受ける「サラリーマン」であり、もはや家族は炭鉱の生産体制下に組み込まれてはいなかった。さて、最終三炭鉱のうち長崎県の池島炭鉱は島しょ炭鉱なので当てはまらないが、福岡県と熊本県の三井三池炭鉱でも同様にサラリーマン化をたどった。七三年度から持ち家制度が実施され、閉山前年九六年三月末時点で、従業員住居の五八パーセントが持ち家だった。[18] 閉山直前の福岡県大牟田市内の様子は、「親密だったコミュニティは閉山に近づくにつれ次第にほかのブルーカラーやホワイトカラーの家庭における暮らしとさほど変わらないような人間関係へと変容していった[19]」という。

4 旧産炭地の産業遺産の活用
――多種多様な遺産の活用と構築

われわれの研究は、旧産炭地を中心に残されている資料を活用すると同時に、ヒアリングなどを通して、資料・遺産を構築する作業でもある。特に衰退期・最終局面に関する研究では、関係者によって収集・構築されたアーカイブ資料の活用が可能である。例えば、釧路の太平洋炭砿に関しては、二〇〇二年の太平洋炭砿閉山時に、太平洋炭砿管理職釧路倶楽部と釧路市地域史料室による二つの活動からアーカイブが構築された。[20] 前者は炭鉱OB会で、閉山時に、会社資料（経営資料、関連写真資料、現物資料の約九百七十点）、労組資料（労組結成当初からの五十九年間にわたる全記録を中心に約七百点）をレスキューし、これらを部門項目ごとに整理しアーカイブを構築した。OB会は、〇五年五月に太平洋炭砿資料室を釧路市内の小学校内に開設し、その後、一八年に釧路市立中央図書館が開館した際に釧路市に移管し、現在アーカイブは同図書館に収蔵されている。釧路市も閉山時に「雇用創出事業」として、大規模な悉皆調査「炭鉱に生きた人によるヤマの記録つくり」を実施し、その成果を公開している。われわれはこれらの資料を活用できた。前述のとおり、炭鉱は最盛期には全国の産炭地で九百以上稼働していた。現在、各地の産炭地では、地元関係者によって小規模な博物館・資料館が設けられている。小規模博物館は、規模が小さいためにテーマを特化しやすく、そのため地域史を学ぶうえでも、また特殊産業の技術を学び伝承するうえでも有効な手段である。[21]

しかし、行政資料については状況が異なる。旧産炭地に共通するが、現地の行政資料の整理は全般に進まない。産炭地域が炭鉱の合理化や閉山に直面した際にどのように対応したのか、それを知る手がかりになる資料が圧倒的に少ないのだ。資料の性質上やむをえない面もあるが、これは研究上の課題である。筆者の経験では、一九九二年に閉山した三井芦別炭鉱を擁した北海道芦別市[22]と、九七年に閉山した三井三池炭鉱の地元である福岡県大牟田市の場合には、市史を編纂するタイミングで行政資料が一カ所に集約され、それらを利用してその一部がアーカイブ化された。

他方で関係者へのヒアリング資料だが、これまで多くの関係者にヒアリングを実施し、その記録を可能なかぎり刊行し、地元で共有できるよう努めている。とはいえ、三池炭鉱や太平洋炭鉱のように、閉山後二十年程度を経過した時点では、炭鉱閉山はある意味「生々しい」経験であり、記録の公開には慎重さを要する。また、ヒアリングに際しては、「閉山の悲劇」を定義するような大きなフレームとそれがもたらす暴力性を回避することにも努めている。[23]あくまでも個々の人々／家族の経験として耳を傾け、記録するという姿勢を堅持している。

旧産炭地と研究者の関係

旧産炭地のなかで、二〇〇七年に財政破綻した北海道夕張市ほど注目される地域はないだろう。実際、行政学や地域社会学などの多くの領域で地域再生を目指した研究がなされている。夕張の地域史研究者の青木隆夫は、「数多く夕張での調査・研究の情報や、取材をしたメディアなどで、夕張にその成果を残したところがどれほどあったのか。映像でも論文でも単に夕張は知らぬままに地域という財産権が収奪され、メディアの飯の種となるだけの「草刈場」ではなかったのか」と厳しく糾弾している。そのうえで、その根幹に地元の「知への無関心と放任」があると指摘する。青木は〇三年に、夕張の地域史研究・調査の場として「鹿之谷ゼミナール」を開始した。このゼミナールは、「成果の地域還元をルール化し、それを集積し活用する方向性を模索すること[24]」（二〇一三年）を目的に開催され、二二年十月十五日に第百回を迎えた。

地元側への指摘は別にして、青木が指摘する研究成果の還元に対する研究者の姿勢は大いに問題視されるべきである。実際、多くの調査研究は成果の還元はおろか、報告書すら刊行していない。ましてや収集した資料を地元に還元することは考えられない状況だった。われわれは、研究活動を進めるうえで、こうした悪癖からの転換を常に意識している。その背景には、資料・アーカイブ、そして成果は地元に蓄積され保存されるべきだという考えがある。

炭鉱記憶保存のライフサイクル

産炭地研究会の代表である中澤秀雄は、石炭産業の盛衰過程を軸に、炭鉱記憶保存のライフサイクルを四段階に整理している[25]。第一は炭鉱最盛期の「石炭は王様」の時期、第二は炭鉱の衰退と忘却の時期、つまり「石炭は時代遅れ」とされて見向きもされなかった時期である。石炭は見捨てられ、記憶とともに記録・資料の多くも散逸した。そして第三は一部の関係者による炭鉱記憶収集の努力がなされる時期であり、ここでは「炭鉱の記憶は理解されない」。日本は長くこの段階にあったといえる。そして最後の第四が、炭鉱への再注目、「いまが正念場」の時期である。

前述の青木の活動ばかりでなく、多くの産炭地で「炭鉱の子ども」あるいは産炭地域で子ども期を過ごした人々による活動が活発化している。例えば、日本最大の炭鉱だった三井三池炭鉱の地元、福岡県大牟田市と熊本県荒尾市では二つの活動がある。炭都三池文化研究会と三池炭鉱（関連）社宅史研究会である。いずれも大牟田市・荒尾市で育った世代が、石炭産業とともに歩んだ地元の一世紀を丁寧に記録し、継承することを目指している。[26]こうした活動が全国で展開していることは心強い。産業としての炭鉱はすでに終わったが、炭鉱での労働・経験は世代間で継承され、現代日本社会でも確実に「生きている」[27]。

注

（1）嶋﨑尚子「石炭産業のライフサイクルと炭鉱労働者家族――労働過程の変容と女性就労」、日本家族社会学会編「家族社会学研究」第三十三巻第二号、日本家族社会学会、二〇二一年、一九四―二〇三ページ

（2）嶋﨑尚子「シンポジウムのねらい」、早稲田大学総合人文科学研究センター二〇一九年度年次フォーラム「産業での労働・経験をどのように記録し、継承するか――石炭産業の場合」早稲田大学総合人文科学研究センター、二〇一九年

（3）杉山伸也／牛島利明編著『日本石炭産業の衰退――戦後北海道における企業と地域』慶應義塾大学出版会、二〇一二年、一ページ

（4）武田良三「炭砿と地域社会――常磐炭砿における産業・労働・家族および地域社会の研究」「社会科学討究」第八巻第二・三号、早稲田大学社会科学研究所、一九六三年、一八三―一八四ページ

（5）産炭地研究会は二〇一八年から台湾の石炭産業研究に着手し、その成果として以下を刊行した。嶋﨑尚子／中澤秀雄／島西智輝／清水拓／張龍龍／笠原良太『台湾炭鉱の職場史――鉱工が語るもう一つの台湾』青弓社、二〇二四年。なお本調査研究に触発されて、台湾の社会科学者による石炭産業研究が本格始動している。今後の展開が期待される。

（6）中澤秀雄／嶋﨑尚子編著『炭鉱と「日本の奇跡」――石炭の多面性を掘り直す』青弓社、二〇一八年

（7）産炭地研究会編『炭鉱労働の現場とキャリア――夕張炭田を中心に』産炭地研究会、二〇一四年。なお、筆者らは二〇二四年度から科研費基盤研究（B）「石炭産業のライフサイクルと炭鉱労働者・家族の移入・定着・移出に関する包括的研究」として布施グループによる「総合的夕張調査」の個票データの二次分析に着手した。

（8）新藤慶／嶋﨑尚子／石川孝織／木村至聖／畑山直子／笠原良太「中学生からみた尺別炭砿の学校生活と閉山の影響――尺別炭砿中学校23・24・25期生の座談会記録」「JAFCOF釧路研究会リサーチ・ペーパー」JAFCOF釧路研究会リサーチ・ペーパー、二〇一九年

（9）嶋﨑尚子「石炭産業の収束過程における離職者支援」「日本労働研究雑誌」二〇一三年十二月号、労働政策研究・研修機構、

四―一四ページ

(10) 労働省職業安定局失業対策部編『炭鉱離職者対策十年史』日刊労働通信社、一九七一年

(11) 嶋﨑尚子／新藤慶／木村至聖／笠原良太／畑山直子『〈つながり〉の戦後史――尺別炭砿閉山とその後のドキュメント』青弓社、二〇二〇年

(12) 嶋﨑尚子／西城戸誠／長谷山隆博編著『芦別――炭鉱〈ヤマ〉とマチの社会史』寿郎社、二〇二三年

(13) 島西智輝「太平洋炭砿の経営史」、嶋﨑尚子／中澤秀雄／島西智輝／石川孝織編『太平洋炭砿――なぜ日本最後の坑内掘炭鉱になりえたのか』（釧路叢書）上所収、釧路市教育委員会、二〇一八年、二―七ページ

(14) 石川孝織／清水拓「太平洋炭砿の技術史」、同書所収

(15) 島西智輝「炭鉱の歴史から学べること」、前掲『炭鉱と「日本の奇跡」』所収

(16) Naoko Shimazaki, "Transformation of the company system and birth of the "white-collar" miner: the case of progressive company Taiheiyo Coalmine during the period of economic growth in Japan," *Asian Journal of German and European Studies*, 3(9), Springer, 2018.

(17) 笠原良太「太平洋炭砿での暮らし」、嶋﨑尚子／中澤秀雄／島西智輝／石川孝織編『太平洋炭砿――なぜ日本最後の坑内掘炭鉱になりえたのか』（釧路叢書）下所収、釧路市教育委員会、二〇一九年、七七ページ

(18) 嶋﨑尚子「三池閉山と離職者の再就職――石炭政策最終局面での対策と支援」大牟田市歴史講座講演、二〇一七年十月十四日

(19) 永吉守／木村至聖／有薗真代／井上博登／中島満大／西牟田真希「移動する家族の生活史――旧産炭地を事例として」「GCOEワーキングペーパー次世代研究」第十二巻第五号、京都大学グローバルCOE「親密圏と公共圏の再編成をめざすアジア拠点」、二〇一〇年

(20) 嶋﨑尚子「太平洋炭砿の記録とその継承」、前掲『太平洋炭砿』下所収、一六四―一六六ページ

(21) 小規模博物館については、以下が参考になる。Fiona Candlin, Toby Butler and Jake Watts, *Stories from Small Museums*, Manchester University Press, 2022.

(22) 芦別市の場合、三井芦別炭鉱閉山に関連する行政資料は芦別星の降る里百年記念館に収蔵されている。同館は石炭産業を含め一次資料を包括的に収集している。前掲『芦別』は、同館の資料を用いて芦別市における炭鉱と人々の暮らしに関する社会史をまとめた成果である。

(23) この点は、本橋成一「ヤマで暮らし、ヤマを撮る」（山口勲『ボタ山のあるぼくの町――山口勲写真集』所収、海鳥社、二〇

〇六年、三ページ）にある以下の指摘に通じる。「筑豊の人たちはみな土門拳さんが嫌いだ。それは人格に対する拒否反応ではなく、筑豊をあそこまでピシッと写真の中に切りつめて〝悲劇〟を定義したことへのいらだちのようなものであろうか。筑豊の人たちからすると、あそこまでやられてしまうとさびしい、恨めしいことなのだ」

(24) 青木隆夫「「鹿ゼミ」百回を迎えて――この十年をふりかえる：夕張の地域史研究・調査とＳＤＧｓ」、二〇二二年十月十五日開催第百回鹿之谷ゼミナール配布資料

(25) 中澤秀雄／嶋﨑尚子「台湾・日本における炭鉱記憶保存とその歴史的含意」台日煤鉱文化国際交流（台湾文化部指導・新平渓煤礦博物園区／国立雲林科技大学主催、オンライン開催）基調報告、二〇二〇年十月二十五日

(26) 最近の活動では、二つの研究会合同で「炭都三池が生んだ文化展 社宅のくらしと紙芝居」（大牟田市石炭産業科学館、二〇二三年六月三日―七月九日）が開催され、かつて社宅で暮らした多くの人たちが会場に足を運び、当時の社宅生活についての語りが集められた。

(27) 記録と継承に関するエピソードとして次の二つの例を紹介しよう。

一つは、イギリスのウェールズと台湾で遭遇したエピソードである。旧産炭地の博物館や資料館で、若い人たちや中年の人たちが、文書資料を丁寧に見ている。そして、文書のなかに自分の祖父や父親の名前を発見すると、彼らは興奮し、さらに真剣なまなざしで、もう一度その文書を、さらに丁寧に手に取る。ときには涙を流しながら。自分のルーツ、親や祖父たちがそこで働いていた事実を確認して、誇りの情を抱き、涙するのだ。

もう一つのエピソードは、本章でも紹介した尺別炭砿で生まれ、子ども時代を過ごした中年たちのものである。炭鉱の閉山後、尺別は廃墟になり、原生林に戻っているため、現在は誰も住んでいない。五十年を経た現在、彼らは、さまざまな文書や親たちの炭砿での暮らしの記録を手にすることで、ようやく「根なし草」という感覚や苦しみから解放されたという気持ちを表明している。記録とその継承とは、まさに、終わった産業が現在に連続していることを確認する作業である（前掲「シンポジウムのねらい」から転載）。

第8章

鉄道記念物と産業遺産
――文化財保護をめぐる企業の社会的責任を中心に

中村尚史

はじめに

一九九二年の初夏、筆者は福岡県教育委員会を事業主体とする全県的な近代化遺産調査（福岡県近代化遺産総合緊急調査）の調査員会議に参加した。この調査は、文化庁が九〇年度から二カ年にわたる国庫補助事業として実施した日本近代化遺産総合調査の一環であり、産業遺産の重要文化財指定や文化財保護法の改定をも視野に入れた包括的な調査だった。

福岡県での近代化遺産調査は一九九一年度から九二年度にかけて実施された。九一年度には九州大学の故・秀村選三名誉教授を主任調査委員とする調査委員会が、産業関係、交通関係、土木関係、その他という調査分野から物件を選定し、十三人の調査員に実際の調査を委嘱した。(1) 当時、大学院博士課程の学生だった筆者はこのうち交通関係の調査員を委嘱されて九二年度後半に県内各地を駆け回り、鉄道を中心とする交通関係の産業遺産を集中的に調査した。その過程で、折尾駅をはじめとする駅施設、筑後川橋梁をはじめとする土木建造物、また蒸気機関車をはじめとする鉄道車両の現地調査と報告書作成をおこなった。この調査が、産業遺産に関する筆者の原体験である。

以後、日本の鉄道史研究を進めていく過程で、なるべく現存する産業遺産を調査するように努めてきた。その際に、解説文などでたびたび目にしたのが「鉄道記念物」という言葉である。鉄道記念物とは、一九五八年に日本国有鉄道(国鉄)によって定められた、日本の鉄道に関する歴史的文化価値が高く、長く保存・継承すべき物件である。鉄道記念物は現在までに四十四件が指定されていて、さらに準鉄道記念物五十九件(うち八件は鉄道記念物に昇格)も含めれば百件近い鉄道関係産業遺産が保存・継承の対象になっている。

こうした鉄道事業者による産業遺産保護制度の存在が、政府(文化庁)や自治体(都道府県・市町村)による文化財制度とともに、鉄道関係の産業遺産をいまに伝えるうえで重要な役割を果たしてきたことは間違いない。その一方で、産業遺産に関する事業者=企業の対応は、必ずしも保護重視とはかぎらない。開発と文化財保護との関係は、常に対立的な要素をはらんでいるのである。

そこで本章では、日本の鉄道産業遺産保護の歴史を、鉄道事業者と政府、自治体の関わりに注目しながら検討する。そのことを通して、文化財をめぐる企業の社会的責任(CSR)のあり方についても議論してみたい。

1 鉄道記念物制度の制定と運用

一九五八年十月、国鉄は、鉄道記念物等保護基準規程(「国鉄総裁達」五百九号)を定めた。この規程は、以下の基準(第二条)にのっとって国鉄本社が鉄道記念物を指定し、それを「保存し、且つ、その活用をはかり、もって交通文化の向上に資すること」[2](第一条)を定めている。

(1)日本国有鉄道（以下「国鉄」という）及び国鉄以外の者の地上施設その他の建造物、車両、古文書等で、歴史的文化価値の高いもの。
(2)国鉄及び国鉄以外の者の制服、作業用具、看板その他の物件で、諸制度の推移を理解するために欠くことのできないもの。
(3)国鉄における諸施設の発祥になった地点、国鉄に関係がある伝承地、鉄道の発達に貢献した故人の遺跡（墓碑を含む）等で歴史的価値があるもの。

ここで指定された鉄道記念物には、それぞれ管理者、保守責任者、管理責任者が定められていて、彼らの管理・保守の責任と義務関係が明確化された。また一九六三年には国鉄支社の単位で準鉄道記念物が指定され、同じく管理・保守の体制が整えられた。

これらの制度にのっとり、鉄道記念物は毎年一件から五件（一九五八—七二年）、準鉄道記念物は毎年一件から六件（一九六三—八六年）が指定されていった。国鉄時代の指定数は鉄道記念物三十五件、準鉄道記念物四十三件になっている。表1に示されている鉄道記念物三十五件の内訳をみると、車両十八件、土木・建築八件、運転三件、文書三件、その他三件になっていて、車両の比重が半数を超えていることがわかる。このように、鉄道記念物制度は対象が車両や国鉄所属の物件に偏っているという問題を有している。しかし、産業遺産が文化財と認識されていなかった高度経済成長期に、国鉄が先駆的に鉄道遺産の保存と活用に取り組んだ点は高く評価できる。なお鉄道記念物のなかには、のちに重要文化財に指定されるものが七件、国史跡が一件含まれている。

一九七〇年代以降、国鉄は準鉄道記念物の指定に重心を移しながらも、少しずつ記念物指定をおこなっていた。しかし、国鉄改革と分割民営化（一九八七年）の影響で、八六年を最後に国鉄の鉄道記念物の指定は終了した。その後、国鉄を承継したＪＲ各社は、鉄道記念物等保護基準規程をほぼそのままの形態で引き継いだ。しかし、

表1　鉄道記念物一覧

指定年	名称	都道府県	類別	国指定	指定主体	備考
1958年	1号機関車	埼玉県	車両	重文	国鉄	
1958年	1号御料車	埼玉県	車両	重文	国鉄	
1958年	弁慶号機関車	埼玉県	車両		国鉄	
1958年	旧長浜駅	滋賀県	建築		国鉄	
1958年	0哩標識	東京都	土木	史跡	国鉄	1965年「旧新橋横浜間鉄道起点跡」史跡指定、2000年「旧新橋停車場跡」再指定、21年「旧新橋停車場及び高輪築堤跡」再指定
1959年	善光号機関車	埼玉県	車両		国鉄	
1959年	5号御料車	愛知県	車両		国鉄	
1959年	6号御料車	愛知県	車両		国鉄	
1959年	鉄道古文書	埼玉県	文書	重文	国鉄	
1959年	佐賀藩製造の機関車模型	佐賀県	その他		国鉄	
1960年	大阪駅時鐘	京都府	運転		国鉄	
1960年	旧逢坂山ずい道東口	滋賀県	土木		国鉄	
1960年	旧手宮機関庫	北海道	建築	重文	国鉄	
1960年	野辺地防雪原林	宮城県	土木		国鉄	
1961年	開拓使号客車	埼玉県	車両		国鉄	
1961年	110号機関車	神奈川県	車両		国鉄	
1961年	旧長浜駅29号分岐器ポイント部	滋賀県	土木		国鉄	
1962年	エドモンド・モレルの墓	神奈川県	その他		国鉄	
1962年	秋田第1号鉄道飛砂防止林	秋田県	土木		国鉄	
1962年	蒸気動車（キハ6401号蒸気動車）	愛知県	車両	重文	国鉄	
1962年	鉄道国有法案説明草稿	埼玉県	文書		国鉄	
1963年	2号御料車	埼玉県	車両		国鉄	
1963年	鉄道助佐藤政養文書	埼玉県	文書		国鉄	
1964年	アプト式鉄道（10000号電気機関車）	長野県	車両	重文	国鉄	
1964年	井上勝の墓	東京都	その他		国鉄	
1964年	ウエブ・エンド・トムソン式電気通票器	埼玉県	運転		国鉄	
1965年	旧六郷川鉄橋	静岡県	土木		国鉄	
1967年	壱岐丸の号鐘	埼玉県	運転		国鉄	
1967年	7号御料車	埼玉県	車両		国鉄	
1967年	伊予鉄道1号機関車	愛媛県	車両		国鉄	
1969年	9号御料車	埼玉県	車両		国鉄	
1969年	10号御料車	埼玉県	車両		国鉄	
1969年	12号御料車	埼玉県	車両		国鉄	
1969年	国鉄バス第1号車	愛知県	車両		国鉄	
1972年	ナデ6141号電動車	埼玉県	車両	重文	国鉄	
2004年	義経号機関車	京都府	車両		JR西日本	準鉄道記念物からの格上げ
2004年	1801号蒸気機関車	京都府	車両		JR西日本	準鉄道記念物からの格上げ
2004年	233号蒸気機関車	京都府	車両	重文	JR西日本	準鉄道記念物からの格上げ
2004年	EF52 1号電気機関車	京都府	車両		JR西日本	準鉄道記念物からの格上げ
2008年	0系新幹線車両（21-1、16-1、35-1、22-1）	京都府	車両		JR西日本	準鉄道記念物からの格上げ
2010年	しづか号機関車	北海道	車両		JR北海道	準鉄道記念物からの格上げ
2010年	い1号客車	北海道	車両		JR北海道	準鉄道記念物からの格上げ
2010年	大勝号蒸気機関車	北海道	車両		JR北海道	準鉄道記念物からの格上げ
2018年	旧津山扇形機関車庫と転車台	岡山県	建築		JR西日本	

（出典：中川浩一『鉄道記念物の旅——臨地調査の記録』〔クオリ、1982年〕およびJR各社プレスリリース）

JR各社は創業期に鉄道記念物を指定する余裕がなく、二〇〇〇年代にJR西日本が新たな指定を開始するまで、鉄道記念物制度は凍結された状態だった。(3)

2 文化財としての鉄道遺産

一九八〇年代後半の日本では、鉄道事業者側による鉄道遺産への取り組みが下火になった一方で、従来、文化財保護の対象外にされてきた産業遺産が重要な文化財として注目を集めるようになった。そして九〇年代初頭には、冒頭で述べたように産業遺産の文化財指定をにらんだ全国調査がおこなわれた。さらに、九六年に文化財保護法が改定され、指定制度を補完する登録文化財制度が発足して、産業遺産の保護が本格化した。その過程で、鉄道遺産の文化財指定・登録が相次ぐようになる。(4)

表2から、鉄道関係の史跡・重要文化財二十七件の内訳をみると、車両十一件、土木十件、建築五件、文書一件であり、鉄道記念物に比べると土木の割合が高くなっている。(5) 特に鉄道記念物では一件しかなかった橋梁の多さが目立つ（六件）。また旧碓氷峠鉄道施設のように、複合的な鉄道施設が全体として重要文化財に指定されている例もある。さらに、鉄道関連産業遺産の文化財指定の時期をみると、一九八〇年代以前が二件、九〇年代が二件、二〇〇〇年代が十件、一〇年代が九件、二〇年代が四件になっていて、〇一年以降に急増していることがわかる。このことから日本政府＝文化庁は、二〇〇〇年代以降、本格的に鉄道関係産業遺産の保護に取り組み始めたと考えられる。

一方、同じ表2から鉄道記念物、準鉄道記念物と指定文化財との重複をみると、二十七件中車両を中心に十件と、必ずしも多くはない。この点は、鉄道記念物が基本的には国鉄中心に指定されたことを反映していて、実際に重要文化財に指定された車両で鉄道記念物に指定されていない四点は、いずれも国鉄所有ではなかった。

表2　鉄道関係重要文化財・史跡一覧

分類	名称	時代	類別	記念物指定	重文指定年月日	都道府県
史跡	旧新橋停車場跡及び高輪築堤跡		土木	鉄道記念物	1965年 5月12日	東京都
建造物	門司港駅（旧門司駅）本屋	大正	建築		1988年 12月19日	福岡県
歴史資料	1号機関車／1871年、英国製	欧米19世紀	車両	鉄道記念物	1997年 6月30日	埼玉県
建造物	末広橋梁（旧四日市港駅鉄道橋）	昭和	土木		1998年 12月25日	三重県
建造物	旧手宮鉄道施設	大正	建築	鉄道記念物	2001年 11月14日	北海道
歴史資料	1号御料車	明治	車両	鉄道記念物	2003年 5月29日	埼玉県
歴史資料	鉄道古文書	明治	文書	鉄道記念物	2003年 5月29日	埼玉県
建造物	東京駅丸ノ内本屋	大正	建築		2003年 5月30日	東京都
建造物	旧筑後川橋梁（筑後川昇開橋）	昭和	土木		2003年 5月30日	福岡県
建造物	旧大社駅本屋	大正	建築		2004年 7月6日	島根県
建造物	梅小路機関車庫	大正	建築	準鉄道記念物	2004年 12月10日	京都府
歴史資料	123号機関車／1873年、英国製	欧米19世紀	車両		2005年 6月9日	京都府
建造物	旧揖斐川橋梁	明治	土木		2008年 12月2日	岐阜県
建造物	旧魚梁瀬森林鉄道施設	明治	土木		2009年 6月30日	高知県
建造物	古河橋	明治	土木		2014年 1月27日	栃木県
史跡 （世界遺産）	三池炭鉱専用鉄道敷跡	明治	土木		2015年 7月5日	福岡県
歴史資料	233号機関車	明治	車両	鉄道記念物	2016年 8月17日	京都府
歴史資料	東京地下鉄道1001号電車	昭和	車両		2017年 9月15日	東京都
歴史資料	ナデ6141号電車	大正	車両	鉄道記念物	2017年 9月15日	東京都
建造物	旧碓氷峠鉄道施設	明治	土木		2018年 8月17日	群馬県
歴史資料	ＥＤ40形式10号電気機関車	大正	車両	準鉄道記念物	2018年 10月31日	埼玉県
歴史資料	ＥＤ16形式1号電気機関車	昭和	車両	準鉄道記念物	2018年 10月31日	東京都
歴史資料	ホジ6014号蒸気動車	大正2年	車両	鉄道記念物	2019年 7月23日	愛知県
歴史資料	東京市営乗合自動車（円太郎バス）	大正	車両		2020年 9月30日	東京都
歴史資料	京都電気鉄道電車 （京都市交通局2号電車）	明治	車両		2020年 9月30日	京都府
建造物	旧網ノ瀬橋梁及び第三五ヶ瀬川橋梁	昭和	土木		2020年 12月23日	宮崎県
建造物	第一大戸川橋梁	昭和	土木		2021年 8月2日	滋賀県

（出典：「国指定文化財等データベース」「文化庁」〔https://kunishitei.bunka.go.jp/bsys/index〕［2024年12月19日アクセス］）

このように、文化庁による重要文化財指定は、鉄道記念物と異なる視点をもちながらも、国鉄分割民営化で中断した鉄道記念物指定を時期的に引き継ぐようにして本格化した。さらに、二〇一八年には文化財保護法が一部改正され、「地域における文化財の計画的な保存・活用の促進」[6]が強化されることになった。これは、従来、文化財の保護に重点を置いてきた文化庁がその「利活用」にも踏み出した点で、重要な変化である。[7]この点で、国の指定文化財制度は、鉄道遺産の保存と活用を図ることを目的にして創設された鉄道記念物制度に近づいたといえるだろう。

3 鉄道遺産をめぐる鉄道事業者=企業の対応

二〇〇四年、JR西日本は四件の鉄道記念物を指定した。これは準鉄道記念物を昇格させたものだったが、鉄道記念物指定は三十二年ぶりだったため注目を集めた。さらに同年、従来は鉄道記念物指定されていなかった梅小路機関車庫が、国の重要文化財指定を受けた。これを踏まえてJR西日本は、〇六年に「梅小路の蒸気機関車群と関連施設」を新たに準鉄道記念物に指定した。[8]JR西日本はその後も、〇八年に〇系新幹線車両、一八年に旧津山扇形機関車庫・転車台と、継続的に鉄道記念物を指定している。また一〇年には、JR北海道も鉄道記念物制度の活用を再開し、三点の準鉄道記念物を鉄道記念物に昇格させ（表1）、あわせて十件の準鉄道記念物を指定した。[9]

二〇〇〇年代に入って、JR各社が国の文化財保護制度も活用しながら鉄道遺産の保護と利用を再開した背景には、CSRを求める社会・経済の風潮がある。地域密着型のサービス産業である鉄道業の場合、最大のCSRは地域社会への貢献である。地域のアイデンティティーや文化的価値を高め、観光資源としても重要な役割を果たす鉄道遺産の保護活動は、鉄道企業のCSR活動として最適である。そのため〇〇年代以降、鉄道企業による鉄道遺産を展示する博物館の新設やリニューアルが相次いだ[10]。例えばJR西日本は、一六年に交通科学博物館と梅小路蒸気機関車館を統合して京都鉄道博物館をオープンし、鉄道遺産の保存と継承を支援するとともに、その利活用を図る姿勢を明確にしている。

鉄道各社が競って鉄道博物館を設けるようになると、収蔵品の価値を高めるために、車両や建築物に対する国の文化財指定・登録が進んだ。また、JR西日本のように鉄道遺産を保護するために独自の登録鉄道文化財制度を設けたところもある[11]。

ただし、鉄道事業者による鉄道遺産保護の動きには限界もあることを考慮する必要がある。まず鉄道事業者が保護対象とする鉄道遺産は移動可能な車両や建造物、利用されていない施設に限られていて、現用施設や利用可能な資産の文化財・史跡指定には消極的である。この傾向は、鉄道記念物の指定が車両に偏っていて、のちに重要文化財指定される梅小路機関車庫などが、国鉄時代には鉄道記念物から漏れていた点にも表れている。

さらに、鉄道事業者の事業展開が鉄道遺産の存在で阻害される場合、彼らは遺産保護に消極的になる。この点が鮮明になったのが、二〇二一年九月、国史跡に追加指定された東京都港区の高輪築堤跡（旧新橋停車場および高輪築堤跡）をめぐる問題である。

高輪築堤は、日本で最初の鉄道である新橋—横浜間鉄道（一八七二年十月開業）の一部として、本芝町から高輪海岸を経て品川停車場に至る二・七キロの海中を埋め立てて建築された鉄道用堤の総称である[12]。一八七〇年十月に着工した海上築堤工事は七二年九月に完成し、翌月から単線営業を開始した。新橋—品川間は日本で最大の輸送量を誇る東海道線の一部として、七六年に複線化され、以後、三線化（一八九九年）、四線化（一九〇九年）と線路敷を拡張していった。さらに、沿線地先の埋め立ても進んだため、海上に築かれていた鉄道用堤は陸続きになった。その後、高輪築堤跡は現用の鉄道用地として活用されつづけてきた[13]。

ところが、二〇一九年から二〇年にかけて、JR東日本の品川地区再開発事業（品川開発プロジェクト・一期、一—四街区）（図1）に伴う埋蔵文化財調査で、高輪の海上築堤跡とみられる石垣遺構が相次ぎ出土した。二〇年

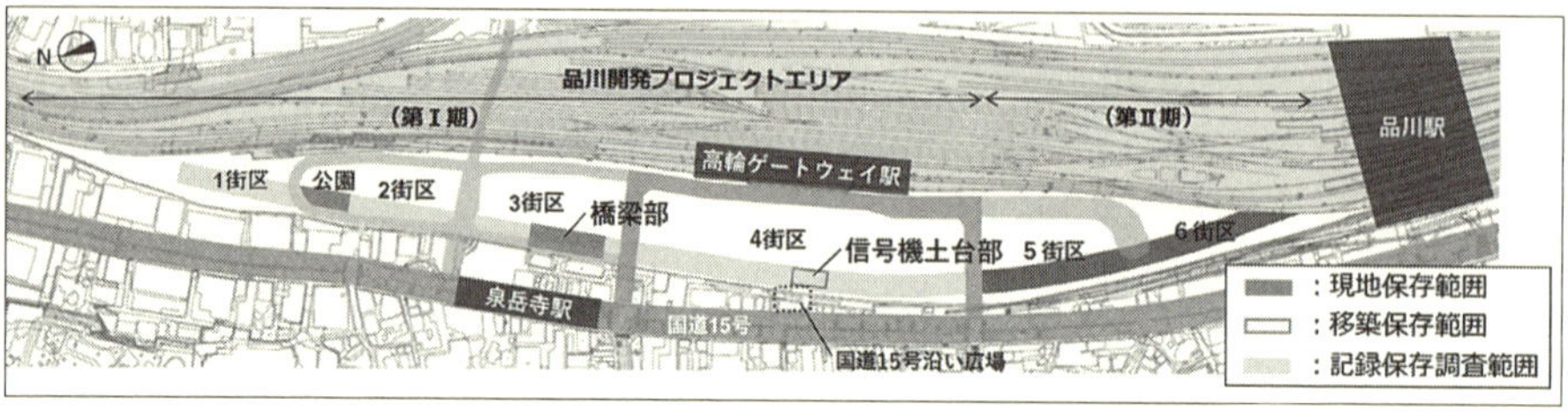

図1　高輪築堤遺跡の調査範囲
（出典：「品川開発プロジェクト（第Ⅰ期）における高輪築堤の調査・保存について」「JR東日本ニュース」2021年4月21日付、東日本旅客鉄道、3ページ）

写真1　3街区第7橋梁橋台部付近
（出典：文化庁「旧新橋停車場跡及び高輪築堤跡」「国指定文化財等データベース」〔https://kunishitei.bunka.go.jp/heritage/detail/401/725〕［2025年2月5日アクセス］）

写真2　4街区信号機土台部付近
（出典：前掲「JR東日本ニュース」2021年4月21日付、2ページ）

八月、港区教育委員会からこの遺跡の現地保存を望む要望書がJR東日本に提出された。そのため、翌九月には同社が事務局になり、専門家委員、東京都、港区の文化財担当者（オブザーバー）などを集めた高輪築堤調査・保存等検討委員会が組織された。以後、同委員会は二三年七月に至るまでに計三十三回の全体会を実施し、遺跡保存の方針に関する検討をおこなった。[14]

この遺跡の保存をめぐり、事業を計画どおりに進めたいJR東日本と遺跡の現地保存を目指すほかの関係者との間で厳しいやりとりがおこなわれた。高輪築堤跡は東京都心に位置し、なおかつ残存状況がきわめて良好だったこともあり、研究者、報道機関、地元自治体だけでなく、文部科学大臣をはじめとする政府関係者やICOMOS（国際記念物遺跡会議）も大きな関心を寄せていた。[15]当初、中心的な遺構である第七橋梁橋台部の前後八十メートル（三街区の一部）（写真1）の現地保存を渋っていたJR東日本は、こうした世論の後押しもあって方針を転換し、現地保存に同意する。[16]しかし、もう一つの目玉である信号機土台部を含む四街区については、可能なかぎり現地保存してほしいという委員側の要望を受け入れることなく、信号機土台部を含む三十メートル（写真2）だけを移築保存し、そのほかは記録保存になった。[17]四街区は石垣の残りがよく、信号機土台部から品川方面に向かって緩やかにカーブする高輪築堤の景観がよくわかる、貴重な鉄道遺産だった。[18]そのため、そのすべてが破壊されることは痛恨の極みである。

なお、この検討過程でJR側は「高輪築堤の調査・保存等に関する当社方針について」という資料を提出し、当初、以下のように述べていた。

当社は、以下三点を前提に、国家戦略特別区域計画に認定されている当社品川プロジェクトの実現と築堤保存が両立するよう、高輪築堤の調査・保存等に真摯に取り組んでまいります。

・二〇二四年度まちびらき（第I期）のスケジュールを確保すること

・事業中の関連基盤整備事業等及びまちづくり全体の整合性を確保すること

・民間会社として合理的な負担の範囲内であること[19]

このうち第一項と第三項は、JR東日本が自らの核心的な利害を阻害しない範囲内でだけ産業遺産の保護に取り組むことを宣言しようとした点で、企業の文化財に対する姿勢をよく示している。この文言については、専門家委員のなかから世論の反発を見越した強い反対意見が出され、最終的な「当社方針」からは削除されている[20]。しかし、その論理は鉄道事業者の基本的な考え方であり、高輪築堤遺跡に連続する地区（五―六街区）の鉄道遺産保護をめぐる議論[21]や、高輪築堤跡保存活用の具体的な計画を策定する「「史跡旧新橋停車場跡及び高輪築堤跡」における高輪築堤跡保存活用計画等策定・検討委員会」の最終報告書[22]のなかでも貫かれている。

核心的な利害をめぐる文化と経営の葛藤が生じた場合、事業者＝企業側は鉄道遺産に対して最大限の配慮をみせながらも、企業の核心的な利害を盾に経営的な判断を優先する。このように、企業は開発と産業遺産保護の両立を、自らの核心的な利害に抵触しない範囲で目指す傾向にある。しかし、産業遺産が長い歴史のなかで生まれ、育まれた貴重な国民的・世界的財産であることを考えると、それを将来世代に引き継ぐことはまさに企業の社会的責任といえる。ＣＳＲが企業価値の重要な構成要素になっている現在、企業の「核心的な利害」の内容も見直す必要があるのかもしれない。筆者は、産業遺産保護と真摯に向き合う姿勢もまた、企業価値を向上させるという意味で、現代の企業の核心的な利害の構成要素たりうると考えている。

おわりに

以上、鉄道遺産の事例を用いながら、事業者＝企業と文化財保護との関係について考察してきた。その結果、日本の鉄道事業者＝国鉄が、産業遺産が文化財と見なされていなかった一九五〇年代以降、積極的に鉄道遺産の保護に取り組んできたことが明らかになった。本章では鉄道記念物制度に注目することでこの問題を考えたが、国鉄が発足直後から鉄道博物館構想をもち、二一年に鉄道博物館（のちの交通博物館）を開設して鉄道遺産の収集と保存に取り組んできたことも特記しておく必要がある。[23] また、国鉄分割民営化によって生じた鉄道遺産保護の空白期間を、文化庁が推進した産業遺産の文化財指定が補完した点も重要である。

二〇〇〇年代以降、国鉄を承継したJR各社は、CSRを意識しながら鉄道遺産保護に取り組み始めた。ただし、現状での鉄道遺産保護に対する鉄道事業者の取り組みには、企業としての核心的な利害に抵触しない範囲で、という条件が付く。高輪築堤遺跡の保護をめぐる議論は、こうした鉄道事業者と鉄道遺産保護との関係を明瞭に示している。

この状況を打開するためには、文化財に対する企業の社会的責任のあり方を再考する必要がある。文化財保護が、将来世代への責任を果たすという意味で、企業価値を構成する重要な要素と認識されるようになれば、企業の核心的な利害を金科玉条として遺跡保存を渋る事業者を説得できるかもしれない。その意味でも、今後、産業遺産をめぐるCSRに関する議論が深化することを期待したい。

注

（1）福岡県教育委員会編『福岡県の近代化遺産』（「福岡県文化財調査報告書」第百十三集）、西日本文化協会、一九九三年、一一〇ページ

（2）「鉄道公報」一九五八年十月七日号、日本国有鉄道総裁室、一〇三七ページ

（3）以上、老川慶喜「鉄道事業者は鉄道遺産とどう向き合ってきたか！」（都市史学会編「都市史研究」第九巻、都市史学会、二〇二二年）八〇―八二ページを参照。

（4）北河大次郎「鉄道遺産の保存活用の経緯と現状について」「運輸と経済」二〇二二年四月号、交通経済研究所、一五―一六ページ

（5）なお土木・建築関係は建造物、車両・文書は歴史資料の分類で、それぞれ重要文化財指定を受けていて、埋蔵文化財と世界遺

産は国指定史跡になっている。

（6）文化庁「文化財保護法及び地方教育行政の組織及び運営に関する法律の一部を改正する法律の概要」「文化庁」（https://www.bunka.go.jp/seisaku/bunkazai/pdf/r1402097_01.pdf）［二〇二二年十月二十一日アクセス］

（7）米山淳一／北河大次郎／高嶋修一／小野田滋／菅建彦「巻頭座談会 鉄道遺産について考える――保存と活用の現状と課題」「汎交通」二〇二〇年度第二号、日本交通協会、三―四ページ

（8）その際、JR西日本は、梅小路機関車庫と蒸気機関車を中核としながら、それに関連する物件を合わせてストーリーを組み立て、「群」としての全体的な価値を評価した。その評価方法は、世界遺産などで用いられる手法であり、学会でも高く評価されている。堤一郎／宇都宮道夫／矢野誠／石原卓也／城市孝志／松本茂樹／平田恭子「鉄道記念物の指定と技術史的意義――JR西日本による新たな準鉄道記念物の指定」、日本機械学会編『講演会 技術と社会の関連を巡って――講演論文集』所収、日本機械学会、二〇〇六年、五五―五七ページ

（9）JR北海道は、二〇一二年にさらに一件を追加指定した。

（10）JR東日本の鉄道博物館（二〇〇七年開館）、JR東海のリニア・鉄道館（二〇一一年開館）、JR九州の九州鉄道記念館（二〇〇三年開館）、東京メトロの地下鉄博物館（二〇〇三年リニューアル）、東武鉄道の東武博物館（二〇〇九年リニューアル）など。

（11）佐治慎一「JR西日本の鉄道文化活動の取り組み」、前掲「汎交通」二〇二〇年度第二号、二四―二五ページ。登録鉄道文化財制度は二〇〇八年に制定され、毎年数件ずつの鉄道文化財が登録されている。

（12）渡邉恵一は、海上築堤遺跡を「高輪築堤跡」と一括にするのではなく、地区ごとの多様性を考慮した呼称にすべきと主張している（渡邉恵一「鉄道史における「高輪築堤」研究の検証」、前掲「都市史研究」第九巻、五五ページ）。本章はこの点を考慮しながらも、便宜上、「高輪築堤跡」と総称することにしたい。

（13）以上、斉藤進「高輪築堤跡の調査――築堤はいかにして海中に作られたか」（前掲「都市史研究」第九巻、三五―三六ページ）、東日本旅客鉄道「「史跡旧新橋停車場跡及び高輪築堤跡」における高輪築堤跡保存活用計画書」（東日本旅客鉄道、二〇二三年、二三―二四ページ）。

（14）「品川開発プロジェクト（第Ⅰ期）における高輪築堤調査・保存等検討委員会での検討経緯」「JR東日本」（https://www.jreast.co.jp/takanawachikutei/）［二〇二三年十月三十一日アクセス］。以下、検討委員会資料・議事録の出典はすべて同ウェブサイト。なお、同委員会には、二〇二二年十一月から京浜急行電鉄も加わり、引き続き品川開発プロジェクト第Ⅱ期（五―六

街区）の検討を続けている。
(15) 前掲「高輪築堤跡の調査」三六―三七ページ
(16) このほか、二街区の公園隣接部約四十メートルも現地保存になっている。
(17) 記録保存とは発見された遺跡をそのまま保存できない場合に、発掘調査をおこなって記録や出土品だけを残すこと。
(18) 「第5回 高輪築堤調査・保存等検討委員会議事録」二〇二一年三月三十一日付、東日本旅客鉄道、六ページ
(19) 「第5回 高輪築堤調査・保存等検討委員会資料」二〇二一年三月三十一日付、東日本旅客鉄道
(20) 「第7回　高輪築堤調査・保存等検討委員会資料」ならびに「議事録」二〇二一年四月十九日付、東日本旅客鉄道
(21) 前掲「品川開発プロジェクト（第Ⅰ期）における高輪築堤調査・保存等検討委員会での検討経緯」および「高輪築堤調査・保存等検討委員会での検討経緯」「京急電鉄」（［https://www.keikyu.co.jp/takanawachikutei/iinkai.html］［二〇二三年十月三十一日アクセス］）を参照。
(22) 前掲「「史跡旧新橋停車場跡及び高輪築堤跡」における高輪築堤跡保存活用計画書」。この委員会は、二〇二一年十二月から二〇二三年三月まで計七回開催され、高輪築堤跡の保存・活用・整備に関する基本方針について検討した。
(23) 老川慶喜／竹内健蔵「対談　鉄道遺産として未来に何を引き継ぐか」、前掲「運輸と経済」二〇二二年四月号、一一―一二ページ、前掲「鉄道遺産の保存活用の経緯と現状について」一五ページ

第9章

産業遺産と遺産化プロセスへの歴史的接近

——フランスの鉱山の事例

マリオン・フォンテーヌ［矢後和彦訳］

筆者は研究者として、一九九〇年代後半からフランスの炭田地帯の現代史、特にその消滅のプロセスについて研究してきた。[1] この二十年以上の間に筆者の分析はもちろん変化したが、分析をおこなううえでの社会的・文化的背景も変化した。炭田地帯、特にフランス北部ノール県の炭田地帯の調査を始めたころは、近い過去の採掘の痕跡に価値を見いだすことはまだ確実なことではなく、疑問の域を出ていなかった。インタビューなどで対話をした人々のなかには「ここには歴史はない[2]」、つまり少なくとも保存に値する歴史はなく、採掘の過去の痕跡はすぐに消えてしまう運命にあると話す人もいた。しかしその後、事態は異なる方向に進んだ。

二〇一二年に、旧ノール＝パ・ド・カレー地域圏の炭田地帯がＵＮＥＳＣＯの世界遺産リストに「進化する文化遺産」の項目で登録された。[3] この登録は、オブザーバーと地元関係者（開発業者、選挙で選ばれた代表者）の双方から、産業遺産が現在果たしている大きな役割が認められたと見なされたということだった。[4] 何十年にもわたって放置され否定されてきた鉱業関連遺産に、有形（景観、炭鉱のヘッドフレーム、炭鉱住宅など）と無形（労働者の文化、口頭伝承）の両方で価値を見いだすことは、石炭採掘の終焉をめぐる経済的・社会的・文化的危機によって大きな打撃を受けた人々に対する認識として、また、社会的・経済的発展のための重要な「てこ」として提示された。同年、ランスのルーヴル美術館の別館が、ノール地方の旧炭鉱地帯の中心部であり、かつて炭鉱に使われていた土地にオープンしたことで、この視点はさらに強まったように思われる。(5) 古いボタ山やそのほかの産業用地は、新たな観光・文化活動の場になる可能性があり、もはや石炭そのものではなく、石炭にまつわる痕跡や記憶が、この地域の経済的ルネサンスの基盤の一つになる可能性が出てきたのである。

本章の目的は、この変化を説明することである。その目的は、産業遺産と遺産化のプロセスは、歴史研究の諸条件（アーカイブへのアクセス、物質的痕跡の保存）に影響を与える枠組みであるだけでなく、それ自体が歴史研究の対象になりうることを示すことである。古いもの(6)でも最近のもの(7)でも、一連の研究がこの種のアプローチの価値を実証している。フランスの歴史家ジャン＝クロード・ドーマも数年前、このテーマについて編集した本(8)のなかで、産業遺産の歴史的分析の必要性を正しく主張している。それは、産業遺産への投資がときとして非常に感傷的で、とりわけ断片的（地域という角度だけからみた「それ自身の歴史」(9) の拡散）になることを避けてバランスをとるためだった。ここでは、フランス北部ノール県の鉱山に焦点を当てながらも、これに限定することなく、遺産政策の歴史的分析を踏まえながら、産業遺産が文化的な問題としてだけでなく、より一般的な公共政策の一部でもあることを示す。同時に、産業の定義の変遷や、産業と結び付いてきた象徴的・政治的関係を示すような歴史的視点を追求する。本章の仮説は、「生きている」産業の経済史や政治史と、産業の過去や「死んだ」産業を利用する文化史との間には、連続性という解決策はなく、逆に補完しあうべき要素があるということである。このように、遺産化のプロセスの歴史は、脱工業化プロセスの歴史、そして終わったとされる過去の鉱業への回帰に不可欠な要素なのである。

1　再工業化の課題に立ち向かう産業遺産

一九四六年に国有化されたフランスの石炭産業は、五〇年代半ばに危機に陥った。この危機は、短い回復期を挟みながら、二〇〇三年にプロヴァンス地方で、〇四年にロレーヌ地方で最後の坑道が閉鎖され、〇七年に国営企業であるCDF（フランス石炭公社）が清算されるまで続いた。採掘に関するアーカイブ資料が散逸していることに加えて[10]、フランス石炭公社や石炭政策をめぐる議論などに関する包括的な研究が不足していることから、このプロセスの全体像を把握することは困難である[11]。このプロセスは鉱山によって異なるテンポで進展し、五十年以上もの長きにわたって政治的な関与がなされてきたのである。

いずれにせよ、一九八〇年代半ばまで、公共政策（経済政策や地域計画政策）には、石炭産業の継続（石炭のほかの用途の開発）であれ、将来有望とされる部門（自動車など）に基づくものであれ、炭田地帯が直面する問題は新たな産業化の段階に移行することで解決されるという考え方が依然として浸透していた。七二年にDATAR（国土整備地方開発局）の庇護のもとに設立されたGIRZOM（鉱山地帯再編成のための省庁間グループ）のような組織は、そうした考え方によるものである。その目的は、企業を誘致し、新しい産業活動を興すことであり（パ・ド・カレー県のドゥヴランにフランセーズ・ド・メカニックを誘致し、ノール県のドゥエにルノーの大規模工場を建設しようとしていた）、それは遅かれ早かれ、古い鉱業に取って代わるだろうと思われていた。近代化に熱心な開発業者によって進められたこれらの政策は[12]、七三年から七四年にかけて起こった世界的な経済危機によって損なわれたことは間違いないが、その原則は変わらなかった。そして八一年に社会党のフランソワ・ミッテランが政権に就くと、こうした政策に新たな弾みがついた。八三年四月に北部炭田を訪れた大統領は、石炭生産復活の希望に終止符を打ったが、それと引き換えに「炭田の産業ルネサンス」を約束した。この約束は八四年に採択された州・地域計画で実行に移され、ＦＩＢＭ（炭田産業化基金）[13]の創設に至った。この政策は、国家レベルでは「転換クラスター」政策（鉄鋼・造船部門にも関連）に反映され、鉱業活動によって整備された地盤（インフラ、技能）のうえに新たな産業構造が生まれるという考えに基づいていた。同時に、フランス石炭公社の会長自身は、鉱業地帯での自らの行動を単なる補償と見なすべきではなく、「企業を発展させ、フランスの産業システムを近代化するための積極的な行動」[14]であると主張した。

これが、鉱山遺産の問題が生じた背景である。最大の炭田地帯、特にノール地方では、これらの産業遺産は、当時は文字どおりの意味で（土地と財産の集合体として）理解されており、百二十万戸を超える住宅、数千ヘクタールの地表の施設やボタ山、数十の教会や病院、スタジアムなどがあり、巨大なものだった。[15]ノール炭鉱社の経営者たちは、フランス石炭公社の取締役の要請によって、何よりも自分たちの財政収支に影響を与えないように努めた。最も収益性が高い要素（特に土地）は、売却するために採掘の痕跡を取り除かなければならなかったが、その他の要素（住宅、道路、レジャー施設）は、多くの場合、かなり劣悪な補修状態だったため、地元自治体に委ねられた。このため地元自治体とノール炭鉱社との間で、とりわけ鉱山住宅の将来をめぐって紛争が繰り返された。地元選出の議員たちは、この財産は鉱夫の労働力によって建設されたものだとして、無償での回収を望んだが、ノール炭鉱社の経営者たちは、最高入札者に売却することを望んだ。そのうえ彼らがデマゴーグで無能な経営者と見なした議員たちに疑念を抱いていた。[16]しかし、こうした対立は、ある一点で暗黙のコンセンサスに達していた。この地域の開発を会社から引き継いだ現地の市長たちやノール炭鉱社の経営者たちの目には、旧産業の物理的な遺構が場所を占めるものであり、この地域に「黒い国」という侮蔑的なイメージ（醜さ、暗さ、社会的・経済的な古くささ）があると映っていたということだ。一九七〇年代から八〇年代にかけて、ランスのアンドレ・ドゥレリスやリエヴァンのジャン＝ピエール・クシェイダという北部炭田の二つの市の市長は、新しい社宅、ショッピングセンター、工業団地、高速道路、公園を大量に建設した。これらはすべて、炭鉱の汚名を払拭し、経済的にも都市的にも、これらの地域を新しい時代へと導く方法だと考えられていた。[17]

しかし、ノール県のルワルド鉱山歴史センター（一九八四年開館）や、サンテティエンヌ地方のクーリオ博物館による最初の一歩など、大規模な産業遺産の取り組みが開始されたのは、まさにこの時期である[18]。これらの取り組みには、いくつかの共通点がある。これらはしばしば使用者や技術者の代表によってもたらされた。例えばクーリオ博物館の場合は技術者、ルワルド鉱山歴史センターの場合はノール炭鉱社の管理者、特に事務局長のアレクシス・デストルイスである。これらの遺産プロジェクトは、現実的な目的（特定のアーカイブの保存）と、鉱業史についてのある特定の解釈を提示したいという願望の両方に応えている。その解釈とは、しばしば非常に友好的で石炭産業を英雄視するものであり、鉱業の条件と進歩には特に注意を払うものの、支配の形態、労働者の分裂、社会的対立について語ることはほとんどなく、ときには沈黙さえしているというものだった。また、前述の二つの事例では、労働組合は当初、これらのプロジェクトにほとんど関心を示さなかったことにも留意すべきである。共産党の運動もCGT（労働総同盟）も新しいCFDT（労働民主同盟）も一部の地域では存在感を示したものの、実質的な戦闘的行動をとることはなかった[19]。またこの無関心には、使用者の取り組みに加えて、ほかの理由もあった。共産党員にとって、鉱山が遺産になることは受け入れられないことで、それは閉山を認めることを意味した[20]。CFDTはその一方で、炭田の再工業化のための闘いや職場の安全衛生問題などのほかの闘いに関与[21]していたため、産業遺産保護の問題にはかなり無関心だった。鉱業のある側面の保護が対立を生むとしても、それは地元の関係者間の「地味な」対立である可能性が高い[22]。一方では鉱山の思い出――炭鉱ヘッドフレームや小さな地域博物館など――を残したいと願う人々がいたが、他方ではこの地域のイメージの近代化に水を差すことを恐れる人がいたということである。少なくとも当初は、このようなプロジェクトに対して、県や地域の当局やDRAC（地方文化事業局）のような部局からの支援はほとんどなかったことにも留意すべきである。

しかし、一九七〇年代末から状況は変わり始めた。その間に、ほかの産業部門、特に北フランスとロレーヌ（ロンウィー）の広大な鉄鋼地帯が危機に陥った。このため熾烈な労使紛争が起こったが、同時に、一部の活動家や労働組合組織の側で、産業遺産や労働者の記憶の問題に新たな関心が向けられるようになった。これらの活動家は、使用者や国家[23]への闘争や抵抗の要素として、この遺産や記憶を「ボトムアップ」で活用する必要性を主張したのである。同時にフランスでは産業遺産の認定を求める最初の団体として、一九七九年にCILAC（産業考古学連携・情報委員会）が誕生した。技術的・科学的な価値をもつものとして理解される産業遺産は、国土整備地方開発局[24]のような団体の側でも一定の関心を集めていた。産業と結び付いた痕跡や知識・技能は、例えば産業化のための人材育成という観点から、再び保存し、共有しなければならないと考えられたのである。この展望は左派が政権に就いた最初の数年間に強められた。八三年には文化省内に産業遺産部門が設置され、ルーベに労働現代史料センターを建設する計画が立てられた。いずれの場合も、産業転換政策や産業全般の将来に役立てるために、要素や技術を保存することが目的だった。ルワルド鉱山歴史センターに対する国からの財政支援の可能性に言及したノール県担当官は、この点を以下のように強調した。「社会のメンタリティーや教導が、若い人々を将来に必要な高度な技術的技能養成に導き、また、経済的衰退を押しとどめる影響を有することはよく知られている。ルワルド鉱山歴史センターは、炭田地帯とノール＝パ・ド・カレー地域の再産業化と発展の意識を高め、奨励し、促進するために不可欠なツールである。炭田のルネサンスに貢献することが、ルワルド鉱山歴史センターの第一の目的でなければならない。これらの目的を達成するための施策を実施しなければならない[25]」。ここでは産業遺産は教育の一形態であり、ノール県が再び最先端の工業地帯になるために活性化されるべき「てこ」の一つである、とされている。組合や団体の活動家の動員によるものであれ、あるいは公共政策の一定の変化によるものであれ、かつての鉱山活動の痕跡をある程度残すことは、もはやそれほどとっぴなことではなくなったのである。

2

「価値付与」と「リフレーミング」の狭間での産業遺産の「ポスト産業化」的転回

しかし、一九八〇年代半ば以降、復活への期待が薄れ、特にノール地方とロレーヌ地方で脱工業化が加速した。[26]鉱山の場合、その最も顕著な兆候は技術者ジャン＝ポール・ラカーズが国土整備地方開発局のために署名した二つの報告書で、一つは産業廃棄地の管理に関するもの（一九八五年）、もう一つは鉱業地域の都市再編に関するもの（一九八七年）だった。前者では、産業廃棄地の非常に暗い絵が描かれ、産業廃棄物をめぐる紛争は「戦争だ」とまでいわれている。[27]重工業地帯の廃棄地は特に忌避され、「黒い国」のあらゆる欠点が凝縮された旧態依然とした工業化の象徴であるうえ、景観を破壊し、家父長制的なシステムに隷属する人々の依存を生み出すものとされた。しかし、変化がみられたのはその点ではなかった。この種の言説は前の時代にすでに遍在していたが、提示された解決策に変化がみられたのである。報告書を著したラカーズの目には、これらの廃棄地をグローバルな産業代替のために利用することはもはや不可能だと映った。一部は「近代的な」活動、すなわち第三次産業に、残りは自然保護区に、あるいは土地の保留地として再割り当てされなければならない。ラカーズは、「生産機能よりも商業機能を優先させなければならない[28]」と述べて、ロレーヌ地方のアヤンジュからほど近い場所に建設中の新しい遊園地シュトルンプ・パークを転換のモデルとして挙げる。つまり、産業廃棄地を管理するためにはその性質を変える必要があり、「産業」モデルから「ポスト産業」モデルへ、すなわちサービス、「新技術」の利用、「イノベーション・ハブ」の創設に基づくモデルへと移行する必要がある、というのである。[29]

またラカーズは、その次の報告書で、新しい都市構造への統合に適さないと判断された一部の鉱業都市を完全に消滅させることを提唱し、ノール地方のような鉱業地域の元選出議員からは、いまだに執拗な恨みを買っている。[30]しかし、彼の分析は、国レベルでも地方レベルでも、大多数の政治関係者が実際に受け止めている大きな変化を証明している。それは第一に、一九六〇年代から八〇年代半ばにかけて、開発業者や国家代表の指導のもとで進められてきた再工業化の大きな野望と大規模な計画が終焉を迎えたことを示すものである。長い間、鉱業の終焉は産業の終焉を意味するものではなく、ましてや産業国家の終焉を意味するものでもなく、むしろその決定と管理が持続すると考えられてきた。ところが近年みられるようになったのは、産業国家が消滅してしまい、地方自治体もその役割を引き継ぐことができないか、できたとしてもきわめて困難な状態に陥ったということであり、石炭の終焉は、経済的・政治的・社会的原動力としての産業の終焉とますます結び付いてきている。他方、地方分権法（一九八二―八三年）によってより大きな役割を獲得した地方自治体は、一般に「ポスト工業化」と表現される活動、特に文化に関連するサービスにますます重点を置く傾向にある。地方分権法から十数年がたった二〇〇〇年、パ・ド・カレー県の社会党議員マルセル・カビドゥは、旧ノール鉱業流域の開発に関する首相への報告書のなかでこの視点を強調した。カビドゥ議員は「現在の文化的環境」、つまり鉱山の遺産によってまだあまりにも重荷を負わされているという意味で理解される集団的なメンタリティーを変える必要性を長々と主張したのである。[31] 同時に彼は「文化」（文化施設の開発という意味で）は雇用と経済的魅力の源泉だとして称賛した。[32]

産業遺産への投資の高まりは、この文脈のうえで理解する必要がある。ラカーズの一九八五年の報告書では、産業遺産については付録として言及されているだけで、それ以外の重要性は述べられていなかった。[33] 当時はまだ、遺構や散らばった思い出のような活動の名残を保存することだけが問題で、それらを全体的な経済的・領域的プロジェクトの基礎にするという考えはなかった。しかし、特に九〇年代以降、次第に明確な傾向が表れ始めた。それは、ポスト鉱業時代の決定的な幕開けを画する数々の法律によって促進された。[34] 九四年に採択された石炭協定によって炭鉱補助措置に終止符が打たれ、ロレーヌ地方とプロヴァンス地方に残る稼働中の炭鉱の操業停止が予定されることになった。同時期に、鉱業遺産（住宅、地上施設、ボタ山）の管理が徐々に地元自治体に戻ったことで、自治体は土地の唯一の所有者になり、事業者は完全に姿を消したが、国は採掘後のリスク、特に環境（地盤沈下、水質汚染）の保全と管理の責任を負うことになった。

鉱山遺産の開発はそれ以降ますます重要になってきている。その第一歩は、増えつつある任意団体の後押しを受けて多くのモニュメントや景観を救出し、保存することである。こうした活動は現在、政府部門と地方自治体の双方によって支援されている。ノール県では、これによって鉱山遺産の一部が歴史的建造物に分類された[35]。それは一九九〇年から二〇〇〇年にかけて認定された、ノール県のオワニーズにある第九ビス坑の一部であるワラーズ＝アレンベルクの設備や、パ・ド・カレー県のロース＝アン＝ゴヘルにある第十一号坑道から第十九号坑道の採掘塔と双子のボタ山だった。同時に、レジャーや文化活動のために、またあるいはまれに、持続可能な開発、情報とコミュニケーションに焦点を当てたイノベーション・クラスター計画のために、廃棄地を再利用することも重視されている。南部では、カルモーの「発見」（一九七〇年代後半に大きな期待を集めた大規模な露天掘り鉱床）が、水上レジャーセンターに生まれ変わろうとしている。北部では、ロース＝アン＝ゴヘルの旧第十一号坑道から第十九号坑道が、芸術・文化開発のための自治体間協会である自治体文化協会の本拠地になり、エコポールと呼ばれるテーマパークにもなっている。このダイナミズムは、〇四年にジャック・シラク大統領がランスの採掘場跡地をルーヴル美術館の別館に選び、一二年に実際に開館したことで頂点を迎えることになる。

私たちがここで扱っているのは、地元に多くの影響を及ぼす国内的／国際的な力学である。同時に、遺産への投資は地元の政治家を正当化する手段にもなりつつある。ノール＝パ・ド・カレー地方議会の多数派である社会党とその代表ダニエル・ペルシュロンが、ルーヴル＝ランス・プロジェクトに固執し、二〇〇〇年代に鉱山の歴史と文化に関する主要プロジェクト（アーカイブのデジタル化、シンポジウムなど）の立ち上げを担当する臨時組織「世界の鉱夫」を設立したことからもわかるように、政治家はこのカードを最大限に活用している[36]。遺産問題の重要性は、〇一年からロース＝アン＝ゴヘルの市長でありエコロジストのジャン＝フランソワ・カロンのケースをみればさらに明らかである。一九九〇年以来、カロンは鉱山遺産、特にボタ山の保護に携わってきた。市長に選出されるやいなや、カロンはこの市をほかの地域のモデルにすることを目指した。彼は、市の鉱山の歴史は、住民の生活（住宅、環境）の質を向上させ、新たな機能（観光、文化）を果たし、デジタル経済、持続可能な開発、新技術によって特徴づけられる二十一世紀に自らの居場所を切り開くために開発されるべき資産の宝庫だと考えている。彼はまた、かつてのノール炭田地帯をUNESCOの世界遺産に登録するよう、かなり早い時期から運動を展開していた。ここでも彼は、遺産の景観を向上させることで地域の再開発を支援し、地元の人々が共有するアイデンティティーを回復する機会として世界遺産登録を考えたのである。この時期、かつての炭田地帯では地元の人々を動員し、炭田地帯の記憶の保存に地元住民を参加させることを目的にした参加型ワークショップとして、多くのUNESCOクラブが設立された。こうした取り組みはすべて一定の成功を収め、カロンは炭田地帯の枠を超えた評判を得ることができた。一方、彼の市であるロース＝アン＝ゴヘルは全国紙によって、かつての鉱業都市の転換のモデルケースであり、成功のモデルであると見なされた(37)。

多くのオブザーバーは、このダイナミックな動きと、二〇一二年に最終的に獲得したUNESCO世界遺産指定に、破壊的熱狂によって封印された一九七〇年から八〇年という時代のページを新たな時代へとめくる、一種のハッピーエンドをみた。理想化された言い方をするならば、私たちは無意識のうちに産業遺産を意識するようになり、産業や鉱業の過去を拒絶することをやめて、過去との調和を図るようになったのである。

しかし実際には、物事はこれほど単純な善悪二元的なものではなかった。というのも、過去に対して侮蔑的で汚名を着せるような表象は、実際には消滅していないからである。鉱業遺産の特定の要素に対する評価は高まってはいるものの、鉱業の古さを強調するような表象は継続していて、それを取り除くことは引き続き急務になっている。このような表象は、「鉱夫」と「鉱業界」が、醜悪な景観、テイラー主義的で権威主義的な企業、鉱業的家父長制に従属する個人という、古風で時代遅れの産業世界を典型的に代表していた一九六〇年代・七〇年代からおもに受け継がれている(38)。そしてこれらは旧ノール鉱業流域の修復や支援に関わる団体の人々の心中にも、いまだに残っているのだ。炭鉱ミッション（二〇〇〇年に採択された州・地域計画契約に従って設立された技術・開発組織）が発表した評価や今後の展望に関する研究(39)は、いずれもこの点を強調している。また、住民の困難や健康・環境問題の背後にある要因の一つと考えられている、メンタリティーや「古い」鉱業文化を変える必要性も強調されている。この地域の政治的変容は、この種のビジョンをさらに強化した。長い間、旧ノール炭鉱は、労働運動と左翼勢力（社会党と共産党）の拠点だったが、二〇〇〇年代以降、極右民族主義ポピュリズムが根を下ろす地域の一つになった。彼らは一部の自治体（エナン＝ボーモン）を制圧し、この地域で党首マリーヌ・ルペン（当時）を擁立している。[40]この政治的転変の理由は、多くの場合、少なくないオブザーバーが、鉱業の過去の遺産――住民の被支配、依存、孤立、社会的・文化的発展の乏しさ――と結び付けて説明している。というのも、炭鉱地帯の住民たちは、ある意味で地域の過去の困難や問題に縛られすぎていて、進歩や近代化の方向をとる候補者に投票することができなくなっているのだ。

産業遺産に価値を付与することは、一見逆説的ながら、この方向を実現するものである。過去の特定の要素を強調することは、文化的な供給を発展させることにつながり、地域住民の参加を促すことによって（UNESCO世界遺産登録を支援するために推進された地域クラブのケースのように）、近代化と教育に役立つはずである。つまり、この変革は、鉱山の過去の関わる非常に侮蔑的な表象を消し去るためにあるのではなく、そのなかで遺産が占めるであろう位置に関わっているのである。炭鉱の精神的・物質的な遺構は、当初はおもに炭鉱地帯を近代化するために取り除くべき障害物と見なされていたが、現在では、それらが変容し、いわばリフレーミングされることで、近代化に貢献しうる要素と見なされている。この変化はまた、古さと近代性の境界の変化にも見いだすことができる。[41]一九八〇年代までは、昔ながらの産業界（鉱業）と新しい産業界（自動車、ハイテク産業）を区別することが課題だった。その後、ポスト工業化、デジタル化、エコロジカルな世界という近代的な夢の前に、工業界全体が古くさい地位に追いやられたようにみえた。この変化は、鉱業の痕跡の扱い方に明らかな影響を与えている。単刀直入にいえば、第一期では、旧産業の物理的痕跡が消え去ろうとも、遺産を継承する目的は、何よりも産業精神（生産的・技術的スキルやノウハウ）を維持することにあった。しかしより現代的な第二期では、その逆である。たとえそれが、労働や生産にまつわる慣習や記憶を消し去ることを意味するとしても、この状況ではもはや関連性も話題性もないと見なされるような、新しい文化サービスやインフラにそれらを統合するために、痕跡を保存することを優先するのである。公共政策はこの変化の反映であると同時に原因でもある。

3　結論

炭鉱の事例は、進歩的で直線的な発展を遂げた産業遺産という概念が、いくぶんかの陰影を伴っていることを示唆している。産業遺産が注目されるようになったのは、その文脈と用途の両面での大きな変容があったからである。当初は、産業の未来のために使う知識や技術のストックとして理解されていた産業遺産は、その後、ポスト産業社会の構築を目指すプロジェクトのなかに、イメージや記憶の場として統合されてきた。このプロセスは、産業遺産の管理のよく知られた矛盾、特に廃墟と化した土地や用地を、本来の意味をほとんど消し去るような機能のために再利用することを示している。そして、この運動はまた、産業遺産の真の歴史を提案することの重要性を浮き彫りにしている。産業遺産は、とりわけ工業／ポスト工業、古さ／近代という対の構図と結び付いた政策やイメージ力、そして西洋社会が今日工業化に対してもつイメージなど、より一般的な問題にも光を投げかけることができるものである。

注

（1）Marion Fontaine, *Le Racing Club de Lens et les « Gueules Noires » : Essai d'histoire sociale*, Les Indes Savantes, 2010, Fontaine, *Fin d'un monde ouvrier: Liévin 1974*, Editions de l'EHESS, 2014, Fontaine, *La société industrielle en question. Une histoire des mondes miniers (France, second XXe siècle)*, Gallimard, coming 2024.

（2）一九九九年一月八日、アンドレ・デレリス（ランス市長〔一九六六―九八年〕、社会党）へのインタビュー。

（3）"L'Unesco distingue les terrils et les cités des bassins miniers du Nord," *Le Monde*, 1 Juillet 2012.

（4）Hélène Mélin, "Le patrimoine minier du bassin Nord-Pas-de-Calais: un outil de dynamisation territoriale," in Jean-Claude Daumas ed., *La mémoire de l'industrie: De l'usine au patrimoine*, Presses universitaires de Franche-Comté, 2006, pp. 237-254.

（5）Insee Nord-Pas-de-Calais, "Le Louvre à Lens: un défi culturel, sociétal, économique et urbain," *Rapport d'étude diagnostic socio-économique du territoire du Louvre Lens*, Insee, décembre 2012.

（6）Louis Bergeron, "L'age industriel," in Pierre Nora ed., *Les Lieux de mémoire,* Ⅲ *Les France*, Gallimard, 1992, Serge Chassagne, "L'élargissement d'un concept: de l'archéologie (industrielle) au patrimoine (industriel)," *Le Mouvement Social*, 199, 2002/2, pp. 7-9, Maurice Daumas, *L'archéologie industrielle en France*, Laffont, 1980, Jean-Claude Daumas ed., *op. cit.*, および特にジャン＝クロード・ドーマによる紹介記事を参照。Jean–Claude Daumas, "L'usine, la mémoire et l'histoire," in J.-C. Daumas(dir), La mémoire de l'industrie: De l'usine au patrimoine, PUF, 2006, pp. 9-20, David Charasse and Gérard Noiriel, "Lorraine du Nord et anthropologie industrielle en France: bilan provisoire," *Anthropologie et Sociétés*, 1986/1, pp. 11-31.

（7）Octave Debary, *La Fin du Creusot ou l'art d'accommoder les restes*, Editions du CTHS, 2002, Jean-Louis Tornatore ed., *L'invention de la Lorraine industrielle: Quêtes de reconnaissance, politiques de la mémoire*, Riveneuve Editions, 2010, Hélène Mélin, *La construction d'un patrimoine industriel dans le Nord-Pas-de-Calais: Du travail de mémoire au développement local*, thèse de doctorat de sociologie, USTL, 2002, Du même auteur, avec Olivier Kourchid, "Mobilisations et mémoires du travail dans une grande région industrielle," *Le Movement Social*, 199, 2002, pp. 37-59, Bella Dicks, *Heritage, Place and Community*, University of Wales Press, 2000, Stefan Berger et alii ed., *Construction Industrial Pasts: Heritage, Historical Culture and Identity in Regions Undergoing Structural Economic Transformation*, Berghahn Books, 2019, Tim Strangleman, "Smokestack nostalgia, ruin porn or working-class obituary: The role and meaning of deindustrial representation," *International Labor and Working-Class History*, Cambridge University Press, pp. 23-37.

（8）Daumas, "L'usine, la mémoire et l'histoire," pp. 19-20.

（9）Alban Bensa and Daniel Fabre eds., *Une histoire à soi: Figurations du passé et localités*, Éditions de la Maison des Sciences de l'Homme, 2001.

（10）フランス石炭公社の公文書は国立労働史料館（ルーベ）に保管されているが、各炭鉱の公文書は民間の文書館か県公文書館に保管されている。このような状況の背景については、Anne Kuhnmunch, "Les archives du Centre Historique Minier. Constitution des fonds et exploitation" および Yvette Lebrigand, "Les archives du monde du laborail," in *L'archéologie industrielle en France*, 17-18, CILAC, 1988 (Actes du colloque sar potrimoine industriel, Lille, 7-9 mai 1987), pp. 81-84, pp. 84-90 を参照。

(11) 一つ、または複数の炭鉱でおこなわれた研究しかない。例えば、Xavier Daumalin, Sylvie Daviet et Philippe Mioche eds., *Territoires européens du charbon: Des origines aux reconversions*, Aix-en-Provence, Université de Provence, 2006, Jean-François Eck, Peter Freidemann et Karl Lauschke eds., *La reconversion des bassins charbonniers. Une comparaison interrégionale among la Ruhr et le Nord-Pas-de-Calais*, *Revue du Nord*, Hors-Série, coll. Histoire, 21, 2006, Université Charles de Gaulle -Lille III などである。

(12) Olivier Dard, "Les publiques françaises d'aménagement du territoire et la reconversion des bassins charbonniers," in Eck, Freidemann, Lauschke eds., *op. cit.*

(13) Archives Nationales du Monde du Travail (ANMT), 1994 014 449, Fonds Michel Hug (directeur de CDF de 1982 à 1985), Dossier "ré-industrialisation dans le Nord" (en particulier sur les années 1983-1984).

(14) ANMT, 1994 014 246, Note du Service des relations publiques de CDF, "CDF à l'heure des choix," June. 1, 1984.

(15) Guy Baudelle, *Le système spatial de la Mine: l'exemple du bassin houiller du Nord-Pas-de-Calais*, thèse de doctorat en géographie, Université de Paris I, 2 vols, 1992, pp. 831-945.

(16) Fabien Desage, *La "bataille des corons": Le contrôle du logement minier, enjeu politique majeur de l'après-charbon dans l'ancien bassin du Nord-Pas-de-Calais*, Master II, University of Lille II, 1999.

(17) Françoise Tesnières et Olivier Boudot, *Liévin hier, aujourd'hui, demain*, Les Editions du Palais, 2011.

(18) Fabien Desage, *Le Centre historique minier de Lewarde. Ressorts et enjeux d'un "lieu mémoire" en bassin minier*, thèse, Institut d'études politiques de Lille, 1998, Michel Peroni, "Ce qui reste de la mine dans la région stéphanoise. La mine fait objet, la mine faite sujet," in Bensa et Fabre eds., *op. cit*, pp. 251-277.

(19) この点については、Fontaine, *Fin d'un monde ouvrier*, pp. 81-111, pp. 150-166 を参照。

(20) Claude Dubar, Gérard Gayot et Jacques Hédoux, "Sociabilité minière et changement social à Sallaumines et à Noyelles-sous-Lens," *Revue du Nord*, 2, Université de Lille, 1982, pp. 365-463.

(21) リシャール・ベルソレによる。*La grande tueuse*, D-Vox Production-France 3 Lorraine (Janvier 2022).

(22) H. Mélin et O. Kourchid, "Mobilisations et mémoires du travail d'une grande région industrielle," *op. cit.*, pp. 44-47.

(23) Tornatore, *op. cit.*

(24) Desage, *Le Centre historique minier de Lewarde*, pp. 23-24.

(25) 一九八三年五月十一日付センター宛てメモ、Desage, *op. cit.* 六六ページから引用。

(26) Pierre Lamard et Nicolas Stoskopf eds., *1974-1984, Une décennie de désindustrialisation?*, Éditions Picard, 2009.

(27) Jean-Paul Lacaze, *Les grandes friches industrielles*, DATAR/ Ministère de l'équipment, du logement et de l'aménagement du territoire, La Documentation française, 1985.

(28) *Ibid.*, p. 22.

(29) *Ibid.*, p. 19.

(30) Daniel Percheron, "président socialiste du conseil régional du Nord-Pas-de-Calais de 2001 à 2015," « Le Louvre à Lens », *Le Journal de l'Ecole de Paris*, 78, Juillet-août, 2009, p. 29.

(31) Marcel Cabiddu, *Les chances et les moyens du new développement d'un ancien minier*, La Documentation française, 2000, p. 18.

(32) *Ibid.*, p. 28.

(33) Lacaze, *Les grandes friches industrielles*, pp. 45-48.

(34) Mélin et Kourchid, *op. cit*, p. 42.

(35) ノール県の状況については、エレーヌ・メランの論文、Ibid., p. 42, pp. 47-49を参照。

(36) 二〇一二年から一三年にかけて、「世界の鉱夫」はＩＮＡ（フランス国立視聴覚研究所）の地方支部と協力し、炭田に関するテレビ報道と資料の大部分をオンライン化した。"Mémoires de mines"と題されたインタラクティブ・フレスコを参照。"Médiathèque""Mineurs Du Monde"（http://fresques.ina.fr/memoires-de-mines）［二〇一六年四月二十五日アクセス］

(37) Philippe Croquet, "À Loos-en-Gohelle, la transition verte au pays des gueules noires," *Le Monde*, Juillet. 23, 2015.

(38) Fontaine, *Fin d'un monde ouvrier*, pp. 49-79.

(39) Conférence permanente du bassin minier, *Synthèse du livre blanc*, 1998 (www.missionbassinminier.org), Mission Bassin Minier Nord-Pas-de-Calais, *Le Livre Blanc Acte I. Cent propositions pour accompagner la mutation du Bassin minier*, décembre 2013.

(40) Béatrice Giblin, "Comment le Pas-de-Calais a basculé du PS au FN," *Libération*, 11 mai 2007, Marion Fontaine, "L'étrange défaite ou la crise du modèle politique lens," in Vincent Duclert, Christophe Prochasson et Perrine Simon-Nahum eds., *Il s'est passé quelque chose...: Le 21 avril 2002*, Denoël, 2003, pp. 77-88, Sylvain Crépon, Alexandre Dézé and Nonna Mayer eds., *Les faux-semblants du Front national: Sociologie d'un parti politique*, Presses de Science Po, 2015.

(41) Pablo Blistein et Cyril Lemieux, "Comment rouvrir la question de la modernité?," *Politix*, 123, Juillet-septembre, 2018, pp. 7-33.

終章

アーカイブの窓から考える産業遺産

武田晴人

はじめに

フランス国立日本研究所のベルナール・トマン所長から声をかけていただいたときに、本書のもとになったシンポジウムの取りまとめをするラウンドテーブルでの話題提供を求められた。そこで、ラウンドテーブルの議論を意義あるものにするために、これまでのパネルの諸報告などを踏まえて、ここでは、本書の各章の内容を踏まえて筆者の感想を述べることにしたい。

筆者は現在、三井家事業に関連する企業資料のアーカイブ三井文庫で仕事をしている。本章のタイトル「アーカイブの窓から考える産業遺産」は、そうした筆者の現在地からくるものである。三井家の事業は二〇二三年には創業から三百五十年を迎えた。三井文庫は、事業経営の記録文書十万点以上を保存し、歴史研究のために公開している。この大量の記録文書は、その対象とする期間が長いという点、そして三井家の事業が近世から近現代にかけて日本の経済発展のなかで果たした重要な役割などを後世に残すものであるという点で、世界的にみても希有なコレクションだ。さらに、三井文庫では二二年十月初めに簡単な所蔵史料の目録をウェブで公開した。目録公開直後から日本国内だけでなく、海外からのアクセスもかなりあり、国内外から注目されている史料群だといえるだろう。三井文庫ではこれらの文書類を一つひとつデジタル画像に変換して、原本の史料の劣化などを防ぐとともに、できあがった画像データをオンラインで世界中どこからでも閲覧できるようにしたいと考え、現在、三井グループの支援を受けて史料のデジタル化を推進している。全面公開までには長い年月が必要だが、主要な史料群については五年程度のうちには目録を検索して文書を指定することで、その文書をそれぞれの研究場所で自由に見ることができるようにしたいと考え、鋭意作業を進めている。まだ道半ばで課題はたくさんあるが、これだけすばらしい史料群を一日も早く、世界中の人たちと共有できるようにすることが目標である。

トマン所長は、記録文書も産業遺産として捉えることが可能だといっていたが、筆者が三井文庫の責任者であることが、産業遺産を主題とする本書のもとになったシンポジウムの報告者の一人として選ばれた理由だとすれば、適切な人選だったかどうかについては疑問が残る。筆者の考えでは、アーカイブは産業遺産そのものというよりは、それを補完する重要な歴史資源だというべきだ。とはいっても、頼まれた役割を放棄するわけにはいかないので、産業遺産に関わる問題について、思いつくことを書き記したい。

1　リアルな歴史像を伝える遺産群

産業遺産という言葉で筆者がまず思いつくのは、第6章「世界遺産「富岡製糸場と絹産業遺産群」——SOYEUX DESTINS 絹が結ぶ縁」（稲塚広美）で紹介した群馬県富岡市の富岡製糸場とか、筆者が調査・研究に協力したことがある福岡県田川市の石炭・歴史博物館に残る炭鉱の遺構などである。それぞれに産業の活動の最盛期を思い起こさせるような建物や設備などが残っている。それは記録文書などで見るよりも、実際にその場所を訪れた一般の人たちにとってもインパクトがあるものだろう。

筆者は、若いころから日本の鉱山史を研究していたため、東北地方を中心に鉱山町に調査に訪れている。そのなかで印象的だったのは、秋田県の旧小坂鉱山が明治末期に建設した鉱業所の洋風の事務棟だ。これは一九〇五年に建設されたもので、屋根の飾り窓や外壁の窓などがルネサンス風を基調とした外観になっているうえに、見事な曲線美を描く玄関ホールのらせん階段などが建築学的にも高く評価され、国の重要文化財に指定されている。これは明治時代の建築として文化的遺産ということもできる。

また、小坂鉱山と同じく秋田県にあった阿仁鉱山は、一九七〇年代にはまだ操業中だったので当時は厳密には産業遺産ではなかったが、坑内の操業の実態をつぶさに見ることができた。坑内に入るときに、電池式のヘッドランプではなく、アセチレンガスで点灯するカンテラを渡されたのにはびっくりした。しかし、案内をしてくれた鉱山のスタッフに、もしアセチレンガスの明かりが消えたら酸欠だからすぐ逃げてくださいと脅かされ、ガスの明かりに納得したものだ。こうした経験は、その後の筆者の鉱山史研究に重要なイメージを与えるものになった。阿仁の例は「稼働中の産業遺産」といってもいいものだが、産業史の研究者にとっては、休止された産業設備よりは、動いている姿が見たいというのが本音である。

一九七〇年代末には、長野県岡谷市で操業中だった製糸工場にも訪れたことがある。そこでは機械化される以前の明治時代の手繰りの技術を使って生糸を製造していた。手で糸を繰る作業に従事していたのは高齢の女性たちで、その手慣れた作業の熟練度に驚嘆したことをよく覚えている。また、工場の作業場内に充満するひどい異臭に耐えがたい思いをしたことも忘れられない。それらはすべて生きた現場であるからこそ体感できたことだ。そのような意味で、若いころの筆者にとって、稼働中の産業遺産は忘れがたい記憶として刻まれている。しかし、操業を終えて閉鎖された施設などの、文字どおりの産業遺産は、それ自体として研究の材料になるというよりは、

「話の種」になるという程度の認識だった。

そうした問題に関連して、第3部「人類学・社会学・歴史学と産業遺産」で議論されたような、「人類学・社会学・歴史学の研究の源泉とフィールドとしての産業遺産」というテーマは、筆者のようなバックグラウンドの者にも、比較的なじみやすいテーマだ。専門的な研究には、それぞれの分野の専門的な訓練が必要であり、例えば三井文庫が所蔵している記録文書でも、崩し字の解読などには一定の訓練が不可欠だ。一方で、産業遺産を構成する建造物、とりわけ機械体系などは図面のうえに残る情報だけでは、リアルな姿を想像するのが難しいものだ。だから、それが残されていて、間近で見ることができ、それらがどのように使われていたかを実際に見ることができるという手がかりを、産業遺産群はよりリアルに伝えてくれる。つまり、歴史研究などのリアリティーを伝えるうえでは産業遺産は決定的な意味をもつ。

それをどのように生かすのかは、それぞれの研究分野で未開拓の部分が多い課題だ。産業遺産としてイメージされるような大きな構築物を不可欠の構成要素とする必要はないかもしれない。例えば、トヨタが設立した愛知県名古屋市にあるトヨタ産業技術記念館のような、綿糸紡績や織物の製造技術に使われた機械類を並べてイギリス産業革命期から現代に至るまでの技術の変遷を知ることができる博物館形態の展示は、これ以上のわかりやすさを求めることができないほど見事なものだ。また、第8章「鉄道記念物と産業遺産——文化財保護をめぐる企業の社会的責任を中心に」（中村尚史）で紹介している埼玉県の鉄道博物館なども同様の役割を果たす得がたい施設だ。そうしたものも含めるとすれば、産業遺産は一般に近寄りがたいイメージをもたれかねない専門的な学術研究という分野の成果を、より多くの人たちにとって身近なものにする役割を果たすことも期待できる。

2 産業遺産との向き合い方

さまざまな研究領域との関連をテーマにした第3部では、三つの章でそれぞれ産業遺産に関わる人たちの責任を問題にした。第7章「石炭産業の最終局面での労働者・家族・地域――社会学研究の源泉としての産業遺産」(嶋﨑尚子)では、話題性があるときだけ群がるように現地入りするマスコミや研究者たちが、対象になった地域にその成果を還元していないことを厳しく批判している。一言付け加えると、嶋﨑が紹介している事例のなかで「炭都三池」の研究会が九州の三井三池炭鉱の歴史研究に一石を投じていることは例外的なものだ。ただ、この研究会と産業遺産との関わりが明確ではないのは残念だった。

また、第8章では、鉄道記念物を指定するという意味で先駆的な存在だった日本国有鉄道(国鉄)が、分割民営化を契機に記念物の指定に消極的になったこと、そして企業の社会的責任の求めに対応して記念物の指定を再開したものの、東京都の高輪築堤問題では、企業が果たすべき責任に対する消極的姿勢と不徹底さが露呈したことが指摘された。このような状況に陥るのは、遺産として認めることには企業にとってどのようなメリットがあるのかという利潤原理に沿った抵抗があるからだ。こうした企業姿勢は、産業遺構の「遺産化」の大きな障害になる。遺産化に歴史研究者が関与するだけでは限界があること、それを突破するためにほかの経済主体との協働が必要であり、この点に課題があることが示されている。

第9章「産業遺産と遺産化プロセスへの歴史的接近――フランスの鉱山の事例」(マリオン・フォンテーヌ)は、国や自治体の役割に注目し、フランスではポスト工業化という方向転換が進められる可能性が開かれていることを明らかにした。「遺産化」には政治的な方向づけが必要ということだろう。ただし、第2部「地域の経済・社会活性化と産業遺産」で出てきたように、その政治的方向づけには、地域住民の視点が必要だということは強調されていい。

それぞれの問題は、社会学、歴史学、政治学の研究の固有の分野をなすもので、より深い考察が求められている。そのうえで、産業遺産を結節点として、より学際的な専門研究、専門分野を横断するような研究が活発化することが期待されている。本書は、こうした学際的な研究の第一歩になると思う。

しかし、産業遺産の意義はそうした研究を学際的に促すことだけではないというのが本書の趣旨だ。日本では世界遺産登録の採否が話題になっているが、その中心は、文化的な価値が高い遺産だ。例えば岐阜県の白川郷のような村落全体が景観を含めて認められている文化遺産、栃木県の日光東照宮、広島県の厳島神社のようなものであれば、その姿には印象的なものがある。

それに対して、産業遺産には「華」がない。第1部「産業遺産とは何か」の第2章「産業遺産概念の展開と建造物の用・強・美」(伊東孝)では、用・強・美という三つの要素で構造物を分類し、産業遺産には「用」が重要なのであって、「強」も「美」もないと指摘しているが、それは、「華がない」ということと通底していると思う。

産業遺産に指定されている建造物などは、産業の衰退に伴って廃墟のように残っているものが多数を占めている。閉山になった鉱山などはその典型的な例だ。日本の国内には、炭鉱や金属鉱山などが閉山したあと、観光資源として活用しようとする試みが多数ある。稼働中の産業遺産として「明治日本の産業革命遺産 製鉄・製鋼、造船、石炭産業」がUNESCO(国際連合教育科学文化機関)から承認された。遺産群を構成する軍艦島、すなわち長崎県の端島炭鉱などは、遺産の保全のために見学者数を制限しながらの公開になっているが、端島では、施設の保全のために多額の管理費用を必要としている。産業遺産を構成する施設の保全管理するには多額の費用がかかる。しかしそうしたコストに見合う便益、ベネフィットをもたらすかどうかは約束されていない。第1章「産業遺産の文化的・観光的プロモーション――ルワルド鉱山歴史センター」(カリーヌ・スプリモン)で紹介しているルワルド鉱山のような成功例は、日本の産業遺産ではなかなか見いだすことができない。

3 産業遺産と地域活性化の課題

こうした状況は、第2部で議論されたことだ。地域の活性化を企図する人々にとって、その核になる施設、外から人々を引き付けることができる施設として、かつて繁栄を誇った産業の遺産などに手がかりを得ようとするのは自然の成り行きだ。しかし、そこには固有の問題がある。産業遺産になる施設は、産業が衰退したからこそ残っているものであり、その地域がその産業に依存する度合いが高ければ高いほど、地域の衰退のダメージも大きい。つまり、産業と運命をともにする地域が多いのだ。日本を例にとると、エネルギー革命の進行によって、日本の石炭産業は九州でも北海道でも衰退産業になり、各地で繁栄を誇っていた炭鉱町は衰退の一途をたどった。そのため、北海道の夕張市などの産炭地は、自治体の総力を挙げた地域開発計画が頓挫して、厳しい状態に置かれている。かつて日本の最大の銅山であり栃木県内で第二の人口集積地になった足尾町も、足尾銅山が一九七三年に閉山したあとは、銅山以外には観光資源開発の決定打に乏しいという問題を抱えている。そして、長く遺構として残っていた旧製錬所の建屋は老朽化が進んだために保全が難しくなり、解体を余儀なくされた。そのため足尾町では産業遺産を核にして再建しようとする試みは困難に直面している。大きな施設（遺構）を失うということは、田川炭鉱があった田川市が産業革命期の世界遺産の構成遺産から外されたのと同じ運命をたどることになるからだ。

地域の経済活性化に産業遺産が貢献するためには、それが雇用の創出などを実現するような新しいビジネスチャンスを作り出す必要がある。なぜなら、単体で存在する産業遺産の施設の重要性を強調すればするほど、その孤立性が高まって、地域から浮いた存在になりかねないからだ。もし、地域の経済発展のために産業遺産を活用するならば、そうした孤立を回避して、産業遺産をコアの要素としながらも、それに関連する施設や地域の開発のグランドデザインを作ることが不可欠になる。そうでなければ、雇用を創出することは難しいだろう。

日本の政府は「観光立国」を重要な経済政策としているが、それは海外からの観光客も誘致して、それによって生まれるインバウンド需要を通した外貨獲得などに期待しているからだ。しかし、日本の工業化を支えたとはいっても産業施設そのものだけでは、それほど魅力的な観光施設とはいえない。

にわか勉強で調べただけだが、例えば、フランス北部の港湾都市ダンケルク市にある砂糖市場倉庫では、これを地域経済や都市整備の一環に位置づけて、ラーニングセンター、資料館、フリースペースなどを設けて、市民に開かれた空間を構築することが構想されている。この事例は、研究資源としての産業遺産を、より広い人々の共有財産として活用することを目指しているということができる。このようなラーニングセンター構想がすべての産業遺産にとって適切だとはかぎらないが、学ぶべき点はある。そして、大事なことは、それぞれの地域に即して活用可能な資源を生かす工夫をすることと、それを実現する構想力だと思う。それには産業遺産をコアにした「物語」が必要だということだ。

一言付け加えておくと、たとえ産業遺産が継承されていたとしても、それだけで地域経済活性化の切り札ということにはならない。同時に強調しておきたいのは、先ほど「物語」が必要だと書いたが、求められているのは大きな「物語」ではないということだ。産業遺産があるとはいえ衰退に直面している地域にとって、その住民たちの生活の基盤を確実にするような方策を第一に優先すべきだ。大がかりな仕掛けは必要ないかもしれない。すべての場所が年間に十数万人も観光客が来る観光地になる必要はないからだ。

4 地域住民の視点

これに関連して、フランス・ロレーヌ地方の地域再開発を検討した第3章「産業景観――見捨てられた遺産から地域再開発のベクトルとしての遺産へ：ロレーヌの事例」（シモン・エーデルブルッテ）では、産業遺産をより広く捉え、「産業景観」という考え方が提示された。そのなかで筆者の印象に残ったのは、「アリバイ遺産化」から「ランドマークづくり」へと展開するなかで、それにとどまることなく地域のアイデンティティーを生み出す試みを目指すこと、そのときに徹底して「地域住民の視点」が重要だと考えていることだ。「私たちの景観」という認識を生み出すことが重要なのだ。それは、「観光資源」として産業遺産を捉える傾向がある日本とはずいぶんと違いがある。

一方で、第4章「産業遺産とエコロジー的な移行プロセス」（ジャン＝フランソワ・カロン）では、地域を変化させつづけている住民の力を強調している。この視点は、第5章「なぜ保存するのか――観光のパラドクスと保存の論理」（堀川三郎）で、北海道小樽市に関する調査に基づいて、「変化の社会的コントロール」が重要だと指摘していることと、共通するものがある。第6章では、地方自治体が観光開発などの視点を交えて産業遺産の保全に取り組んでいる。いずれの場合にも、どのような産業遺産の活用を誰が担うのかが問題になっているが、それぞれの違いが目立っている。フランスの二つの事例が、地域の再建のためには産業遺産・遺構から離れ、それらに縛られずに地域の人たちから受け入れられるような「物語」を作っていることなどには学ぶ点があるのではないだろうか。

どのような「物語」を構成するかは、それぞれの地域が個性的に作り出すものだ。そして、それには多様な専門分野の関係者や研究者などとの協働作業が必要になる。こうした場面では、三井文庫のような史料館やアーカイブにも手伝えることがある。例えば三井系の鉱山業の拠点になった三池炭鉱や田川炭鉱などの産業発展の歴史についての記録文書は、公開できている史料数にも限りがあって、未整理のものも多いものの、それらを基礎にして明らかにできることがあれば、忘れられ失われる恐れがある地域の姿に再び光を当てることができるかもしれない。アーカイブは訪れる人が少なく、利用者から料金がとれる施設ではない。それが産業遺産を補完する記録文書とアーカイブの現実だ。しかし、その施設には役に立つ日を待っている史料がある。

「物語」の視点の重要性については、第2部の議論で浮き彫りになった問題についてもコメントしておきたい。それは富岡製糸場の女性労働についてだ。日本の産業革命に関する専門研究者たちは、富岡が外国からの技術を修得する場だったことは否定しないが、工業化の中心だったとは考えていない。富岡に紹介された製糸技術は、長野県の諏訪などでは鉄製の機械ではなく半木製の機械に変えられて定着し、日本の生糸生産は国際的にみても隆盛を誇ることになる。そこでは、長時間労働が強いられ、山本茂実の『あゝ野麦峠』（朝日新聞社、一九六八年）の悲しい物語を思い起こさせる実態があった。つまり、富岡は、明治日本の生糸生産のトータルなシステムを代表する存在としては限界があることに留意が必要だ。

5 産業遺産継承の努力

さて、以上のような議論を踏まえて、最後に第1部でテーマになった「産業遺産とは何か」という問題について、若干の考えを示してまとめに代えたい。

ピエール・ヴェルニュスによると、リヨンの絹織物産地の形成史に基づいて、関連する周辺地域との地域間分業体制が存在したことが強調されている。もし、こうした状況をヴェルニュスがいうように産業遺産として「遺産化」するとすれば、どのような「物語」が必要なのか。人手が不足していること、そして産業遺産として保全する動きを阻害するような社会的圧力がかかるなどの問題点もある。やや広い地域を巻き込んだ産業遺産の構築には問題が山積している。

この点では、第1章で紹介しているルワルド鉱山歴史センターについて、衰退期に入る前から炭鉱を経営する企業の経営者の判断で産業遺産として残す決断を下し、操業中から順次、必要な改修を進めたという話は、日本で産業遺産に関心をもつ人間にとってはうらやましいかぎりだ。企業の積極的な取り組みがあって、来場者の快適性などにも配慮した施設が作られ、さらに旧従業員などが参加する形態で運営が進められているのはすばらしい。

一方で、日本の富岡では、最後の経営企業だった片倉工業は何もせず、工場の建物なども壊さなかったため、群馬県が産業遺産化を視野に入れて譲り受けるまで明治以来の建造物が残っていた。片倉工業は、壊して再開発する金もプランもなかったために放置状態で保全されていたということもできる。

これに対して田川炭鉱を経営した三井鉱山は、石炭不況の深刻化とともに炭鉱経営の継続を断念し、生産拠点を遠く北海道に移して、田川にはきわめて冷淡だった。経営した時代の記録文書も、企業資料ということで三井鉱山の経営を引き継いだ企業へと移され、田川には残されていない。幸いなことに田川などの経営資料は保存され、三井文庫がいずれその史料の寄贈を受けて研究する準備をしている。その一方で、史料が残らなかった田川市の石炭・歴史博物館は、「炭鉱史料を集める運動」を起点に山本作兵衛が描いた炭鉱労働者の姿など独自の資料を基盤にしながら、「記憶を受け継ぐ」をテーマにワークショップを開催するなどの活動を通して、ちょうどダンケルク市のラーニングセンターを思い起こさせるような地域とのつながりや地域のアイデンティティーの再構築を目指している。この石炭・歴史博物館では、二〇二〇年に田川の石炭産業の歴史をかなり大部の報告書にまとめているが、これには三井文庫の若手の研究員が三井田川鉱業所の史料などを用いて協力している。三井文庫もたまには役に立つことがあるという事例だ。ただし、田川の石炭・歴史博物館の年間来場者数二万人という規模では維持費用をまかなうことはできていない。それを負担することになる地域社会にどれだけ根づき、どれだけ支えを受けることができるかがこれから問われるだろう。

6 産業遺産化を阻むもの

産業遺産、それは私たちが歴史に対するリスペクトをもっているからこそ、関心を引くものだと思う。ただし、一般の文化的遺産に比べると、同じような文化財といっても、神社仏閣・教会のような宗教的施設や城郭などの文化財と異なって一般的な認知度は低く、文化財として産業遺産が浸透しているとはいえない。

産業遺産や産業考古学という発想は、イギリスで一九六〇年代に生まれたことを第2章で紹介しているが、それは当時のイギリスの経済状況の裏返しだった。産業遺産を保存しようという動きは、第二次世界大戦後の産業の衰退を背景とする「ノスタルジアの発現」と揶揄される側面もある。「ノスタルジア」かどうかはともかく、歴史が浅いために、産業遺産という捉え方は日本ではまだよく知られていない。したがってその社会的価値に対する人々の認知度は低い。

そこにはさらに、産業遺産に固有の理由がある。それは、産業活動はほかの文化的な施設と比べると歴史が浅いだけでなく、常に変化にさらされているからだ。産業活動の変化は速く、工場の建て替えや増改築なども日常茶飯事だ。このように変化するものを、歴史的に残るような文化的価値がある「遺産」とみることは難しいのかもしれない。

産業遺産の主要な対象は「工場や鉱山」などだ。先ほど歴史が浅いと書いたが、それはそうした工場や鉱山の多くが近代的な工業化に伴って誕生したものだからだ。そして、それらのなかには場合によっては早くも衰退期に入って、放置すれば廃墟になり、地域のお荷物になってしまうような建造物などが含まれている。そうした困難な状況が生まれる前に、地域のなかから、地域の重要な資産として活用して持続可能な地域発展を生み出そうという動きが出てきたのも当然かもしれない。

しかし、産業構造の変化によって失われていく産業施設の歴史的な意味を問い、その記録を残そうという動きは支持を得ることが難しいのはいうまでもない。特に、代わりになるような産業が登場してくる地域ではそうした認識は生まれにくいから、なおさらだ。地域が新しい産業発展に「前向き」なときには、その陰で衰退に向かうものに対する関心は薄くなる。話が少し脱線するが、東京の日本橋を中心とする地域は、一九六四年の東京オリンピックで高速道路が架設され、景観が大きく損なわれた。いま、この景観を取り戻すために高速道路の付け替えが計画されている。個人的にはいいことだと思うが、アクロバティックな高速道路の形状は、それ自体としては希有な構造物だという意見もあるかもしれない。壊すのはもったいないという意見にも一理ある。産業遺産に関する議論が、「ノスタルジア」と揶揄されるのはそうした面がある。

7 直面する危機を乗り越える「物語」の創造

産業遺産に対する関心の薄さへの対策として、国レベルで産業遺産をリストアップする試みがある。フランスでは一九六四年に文化大臣アンドレ・マルローによって「フランスの建造物と芸術品の総合目録」の作成が決定されたが、七〇年代以降に鉱工業の衰退が観察されるようになって、八三年に総合目録を担当する政府部局に産業遺産を取り扱う課が設置され、八六年から目録の整備のための調査が進められたといわれている。

日本での取り組みははるかに遅く、二〇〇七年に経済産業省が「近代化産業遺産」として取りまとめたのが最初の本格的な調査報告のようだ。同年に「石見銀山遺跡とその文化的景観」が世界遺産に認められたことも背景になっていたと思うが、経済産業省は、「我が国の産業近代化の過程を物語る存在として、数多くの建築物、機械、文書が今日まで継承されており、これらは、自らが果たしてきた役割や先人たちの努力など、豊かな無形の価値を今に伝えて」いくという観点から、その「歴史的価値をより顕在化させ、地域活性化の有益な「種」として、地域の活性化に役立てることを目的[1]」として、「近代化産業遺産」を大臣認定した。それは〇七年と〇八年にそれぞれ三十三の地域を選択し、「地域史・産業史の観点から、それぞれ三十三のストーリーとして取りまとめた「近代化産業遺産群33」「近代化産業遺産群 続33[2]」」の公表に結び付いた。このリストのなかから、一三年には「九州・山口の近代化産業遺産群」が世界文化遺産へ登録推薦され、すでに紹介した産業革命期の産業遺産群として認められることになった。

しかし、この経済産業省の調査の目的からもわかるように、産業遺産としての認定作業・調査事業は、その文化的な価値を認識するというよりは、「地域経済の活性化」というところに重点がある。日本の政府は、産業発展の歴史を後世に残すという直接的な意義ではなく、産業遺産を道具として地域経済対策をもくろんでいるといえる。こうした日本政府の姿勢は、産業遺産を文化的価値としてみているのではなく、「金のなる木」としてみていると疑いたくなるほどだ。日本では、世界遺産の登録申請は国レベルの順位づけによって、推薦・申請順位が決まる。そこには政治が絡んでいて、有力政治家への「忖度」が疑われるものもあり、産業遺産は政治的な色彩が強い問題であることは確かだ。

このような状況を頭から否定すべきとは思わないが、国内の各地から競い合うように世界遺産リストへの登録申請が続いている状態は、産業遺産の本来の姿からの逸脱が進行しているようにもみえる。登録申請の順位づけについて政治的な思惑が入り込むようなことがあってはならないと思うが、歴史に対するリスペクトよりも選挙民の歓心を買うような選択がおこなわれる懸念がないとはいえないのが日本の現実だ。

繰り返しになるが、産業遺産が地域の活性化につながるためには、そこにわかりやすい「物語」が必要であり、その「物語」を構成するのに十分な施設の整備が必要になる。先の経済産業省の調査では、ほとんどの場所で博物館と商業施設の併設が企図されていたが、このように貧しい、工夫がないイメージでは観光客を呼ぶことはできない。産業遺産になっている施設を見学して関連する資料を博物館で見聞し、お土産を買って帰るというショートストーリーでは、産業遺産を長く保全することは難しくなる。また、地域の人たちの支えも十分には得られないだろう。そうなると、研究のフィールドとしての産業遺産も失われるかもしれない。日本の現実は、そういう危機と背中合わせのように思われる。本書と、本書のもとになった国際シンポジウムが、そうした危機を乗り越える知恵を、産業遺産に関する先達であるフランスから学ぶ機会になることを祈りたい。

注

（1）「近代化産業遺産」「経済産業省」（https://www.meti.go.jp/policy/mono_info_service/mono/creative/kindaikasangyoisan/index.html）［二〇二四年十二月二十五日アクセス］

（2）同ウェブサイト

あとがき

矢後和彦

本書は二〇二二年十一月十八日・十九日に日仏会館で開催された日仏シンポジウム「フランスと日本における産業遺産とその活用――歴史学的、社会的、経済的視点」（主催：日仏会館・フランス国立日本研究所）の成果である。寄稿していただいた執筆者には当日の発表をさらに拡充・整理してもらい、いっそうのまとまりがある論集になるように心がけた。事情により本書に加えることができない報告もあったが、本書の序章「産業遺産と向き合うために」（ベルナール・トマン）を通じてシンポジウムの全体像を読み取っていただければ幸いである。なお、日本語版の出版である本書では、書名をシンポジウムのタイトルから変更して『産業遺産の社会史――日本とフランスの歴史・文化・課題』とした。

神社仏閣や教会建築がいわば当たり前の文化遺産と見なされるのに対して、廃鉱になった炭鉱施設や操業を停止した工場が保存と研究に値する遺産と認められるのは自明ではなかった。奈良県の法隆寺やフランスのノートルダム寺院が時代を超えて人々の信仰を集め、また観光資源としても重要な役割を果たしてきたのに対して、フランス北部の寂れた炭鉱跡地や群馬県の旧富岡製糸場は、操業していたころには産業の中心地だったにもかかわらず、操業を停止してからは直ちに注目されることもなかった。炭鉱や工場が体現した「産業」という表象は、「文化遺産」とは対極に置かれてもいた。

本書はこうした特異な性格を有する産業遺産が保存と研究の対象になり、地域の営みのなかにあらためて位置づけられてくる過程と、そこで表れた論点を日仏比較のなかで照らし出そうとした試みである。日仏両国はともに産業革命を経験し、いまは脱工業化のさなかにある先進工業国である。国内に大きな炭鉱や国有鉄道制度を有していたことも共通している。廃鉱の活用や運河の保存など、地方自治体や地域住民が取り組んでいる産業遺産保護の課題でも重なる。日仏両国が競い合うように世界遺産登録を進めた経緯がある一方で、富岡製糸場にみられるようにその成立から現在の産業遺産としての活用に至るまで両国が手を携えて取り組んでいる事業もある。何よりも本書の背景をなす歴史学・社会科学の分野で、日仏両国は英米圏諸国とはまた違った独自な交流の伝統を有している。「産業遺産」という過去と現在をつなぐ主題に「日仏」という視点から光を当てた本書の企画意図が読者諸賢に伝われば編者としては望外の喜びである。

本書のもとになったシンポジウムの構想は、旧知の仲だった共編者ベルナール・トマン氏と筆者が時間をかけて温めていた。トマン氏は日本近代史、とりわけ鉱山労働や社会保障の歴史を専攻されており、筆者はフランス現代経済史を専門にしている。フランスにあって日本を研究するトマン氏と、日本にあってフランスを研究する筆者は、「外国史」研究者の苦労と独自な視点を共有していて、トマン氏がフランス事務所所長として日仏会館に赴任するとシンポジウムの構想は思いがけない速さで実現に向かった。ご多用の折に報告と執筆をお引き受けいただいたみなさまにはここであらためてお礼を申し上げる次第である。なお、本書のフランス側の寄稿論文は、完璧な日本語で書かれたトマン氏の序章を除いて筆者が翻訳した。

末筆ながら、シンポジウムに助成いただいたANR eurasemploiと、通訳と会場の便宜をはじめシンポジウムに協力いただいた日仏会館に、共編者・執筆者一同、深謝を申し上げる。また、出版事情が厳しい折に本書の出版をご快諾いただいた青弓社の矢野未知生氏にも心から謝意を表する。

[付記] 本書は早稲田大学鹿野基金の助成を得て出版した。共編者・執筆者一同、心からのお礼を申し上げる。

二〇二四年十二月

稲塚広美（いなづか ひろみ）

富岡市役所市民生活部市民課長

自治体国際化協会東京本部、パリ事務所（CLAIR PARIS）、富岡市世界遺産部富岡製糸場戦略課長、文化課長、国保年金課長を経て現職

論文に“Un transfert de technologie de la France vers le Japon: le cas de la filature de soie de Tomioka”（*Entreprises et Histoire,* N°112, 2023, Editions ESKA）など

嶋﨑尚子（しまざき なおこ）

早稲田大学文学学術院教授

専攻はライフコース社会学、家族社会学

共編著に『台湾炭鉱の職場史』『〈つながり〉の戦後史』『炭鉱と「日本の奇跡」』（いずれも青弓社）、『芦別』（寿郎社）、『現代家族の構造と変容』（東京大学出版会）など

中村尚史（なかむら なおふみ）

東京大学社会科学研究所教授

専攻は日本経済史、経営史

著書に『日本鉄道業の形成』（日本経済評論社）、『地方からの産業革命』（名古屋大学出版会）、『海をわたる機関車』（吉川弘文館）など

マリオン・フォンテーヌ（Marion Fontaine）

パリ政治学院歴史センター現代史教授

専攻は20世紀後半の労働者階級の世界と労働運動史

現在は脱工業化の問題に取り組んでいて、国際プロジェクトDEPOT（Deindustrialization and Politics of Our Time）の共同ディレクターを務める

武田晴人（たけだ はるひと）

東京大学名誉教授、三井文庫文庫長

専攻は近代日本経済史

著書に『日本帝国主義の経済構造』（東京大学出版会）、『事件から読みとく日本企業史』『日本経済史』（ともに有斐閣）など

［著者略歴］

カリーヌ・スプリモン（Karine Sprimont）

ルワルド鉱山歴史センター広報・展示部長

鉱山文化と産業遺産の主要なテーマに関わる博物館の全展示を監修している。また数々の鉱山博物館の設立や開発プロジェクトにも定期的に参加している

共著に*Le Centre Historique Minier, un site emblématique d'une humaine et industrielle*（Édition Centre Historique Minier）など

伊東 孝（いとう たかし）

産業遺産情報センター研究主幹、日本ICOMOS国内委員会「技術遺産小委員会」主査、元産業遺産学会会長、元日本大学教授

専攻は土木・産業史、景観工学、都市計画史

著書に『「近代化遺産」の誕生と展開』（土木学会出版文化賞）、『日本の近代化遺産』『東京再発見』（いずれも岩波書店）、『東京の橋』（鹿島出版会）、共著に『四谷見附橋物語』（技報堂出版、国際交通安全学会賞）など

シモン・エーデルブルッテ（Simon Edelblutte）

ロレーヌ大学（ナンシー）地理学教授

ロテール研究所（地理学研究センター）の所員であり、産業景観と産業立地について、その発生・発展および新しい形態への進化、特に都市環境との関係についての専門家。閉鎖後の産業の遺産的な地位について、産業転換や地域再開発というテーマと関連づけながら、よりグローバルな変化の文脈で考察している

ジャン＝フランソワ・カロン（Jean-François Caron）

2001年から23年までノール＝パ・ド・カレーの炭田地帯にあるロース＝アン＝ゴヘル市の市長を務める。持続可能な発展の精神に基づき、産業遺産の変遷と記憶を促進するために自治体で数々のイニシアチブを主導。ノール＝パ・ド・カレー地域圏の炭田をUNESCO世界遺産に登録した立役者の一人でもある。現在は産業移行工房会長

堀川三郎（ほりかわ さぶろう）

法政大学社会学部教授

専攻は環境社会学、都市社会学

著書に『町並み保存運動の論理と帰結』（東京大学出版会）、*Why Place Matters*（Springer）、共著に『社会学で読み解く文化遺産』（新曜社）、『自然環境と環境文化』（有斐閣）、『環境』（東京大学出版会）、論文に「歴史的環境保存と記憶」（「日仏社会学会年報」第32号）、「場所と空間の社会学」（「社会学評論」第240号）など

［編著者］
矢後和彦（やご かずひこ）
早稲田大学商学学術院教授
専攻はフランス経済史、国際金融史
著書に『フランスにおける公的金融と大衆貯蓄』（東京大学出版会）、『国際決済銀行の20世紀』（蒼天社出版）、共編著に*Handbook of the History of Money and Currency*（Springer）、『渋沢栄一とフランス』（水声社）など

ベルナール・トマン（Bernard Thomann）
フランス国立東洋言語文化大学日本史教授。2019年から23年まで日仏会館・フランス国立日本研究所所長
日本の炭鉱労働者の歴史と職業病を中心に研究している。現代日本の社会史・労働史に関する著書多数

産業《さんぎょう》遺産《いさん》の社会史《しゃかいし》
日本とフランスの歴史・文化・課題

発行 ―――― 2025年2月27日　第1刷
定価 ―――― 3000円＋税
編著者 ――― 矢後和彦／ベルナール・トマン
発行者 ――― 矢野未知生
発行所 ――― 株式会社青弓社
〒162-0801 東京都新宿区山吹町337
電話 03-3268-0381（代）
https://www.seikyusha.co.jp
印刷所 ――― 三松堂
製本所 ――― 三松堂

ISBN978-4-7872-3551-0　C0036